KB188005

기도로 물들어져 가는 은혜

황성주 엮음

기도로 물들어져 가는 은혜

1판 1쇄 발행 2022년 1월 20일

펴낸이 강금순
엮은이 황성주

편집 유별리

발행처 하움출판사
발행인 문현광

주소 전라북도 군산시 수송로 315 하움출판사
이메일 haum1000@naver.com **홈페이지** haum.kr

ISBN 979-11-6440-908-2 (03230)

좋은 책을 만들겠습니다.
하움출판사는 독자 여러분의 의견에 항상 귀 기울이고 있습니다.

차례

● 머리글 5

1. 기도 속의 용어 해설 8

2. 2012년의 묵상 편지 11

3. 2013년의 묵상 편지 13

4. 2014년의 묵상 편지 58

5. 2015년의 묵상 편지 78

6. 2016년의 묵상 편지 110

7. 2019년의 묵상 편지 111

8. 2020년의 묵상 편지 122

9. 2021년의 묵상 편지 145

머리글

돌아오지 않는 것은 모두 그립다.
잃어버린 꿈,
잃어버린 시간,
잃어버린 사랑,
잃어버린 산천.

떠나간 것은 모두 그립다.
소꿉동무의 어린 손,
고향의 늙은 소나무,
어머니의 땀 냄새,
앞개울의 송사리 떼.

기다리는 것은 모두 그립다.
그리운 가슴이 있고
기다리는 대상이 있을 때
사람은 더 아름다운 게 아닌가.

시인 '한용운' 님은
"그리운 것은 모두 님"이라 했다.
님의 대상은 참으로 넓고 크다.

하나님, 부모님 그리고 사랑하는 사람,
친구, 고향, 만날 수 없는 것들.
"기다리는 것은 모두 그립다."라고 했다.

우리는 살아오면서 하나님만을 의지하고 하나님의 말씀 속에서 살아가는데 어느 누군가 잊고 있는 성경 구절로 위로와 축복을 기원하는 기도를 한다면 그것은 새로운 삶을 이어 나가는 생명수와 같을 것이다.

세월이 흐른 후 겹겹이 간직한 기도문을 읽을 때면 나에게 한없는 하나님의 축복과 은혜가 머무르고 있음을 느낀다. 기도란 하나님과의 영적 대화이면서 우리의 소망을 염원하고 하나님께 다가가는 통로이기 때문이다.

목사님은 통상적인 기도보다는 인간적 감성이 풍부하여 시적인 감각으로 오랜 세월을 SNS를 통해 권사님과 하나님을 섬기고 더욱 굳건한 믿음으로 성장을 시킨 것이다.

하나님의 사랑과 축복을 바라는 기도의 서사시를 전하는 어느 목사님의 이야기가 이제 펼쳐진다. 우리가 살아오면서 느끼지만, 때로는 사회의 부정에서 나오는 역린과 자신이 처한 아킬레스건은 그 누구도 치유가 어려운 게 사실이다.

이에 이 책이 독자들의 지친 육신과 영혼을 일으키는 커다란 힘이 되길 바란다.

이 책은 그렇기에 순서가 정해진 것도 아니요, 상황에 따라 영혼을 불어넣는 기도가 되고 있다. 목사님의 영혼이 깃든 메시지는 어느 특정인이 아니라 독자 모두와 공유되는 하나님의 말씀을 전하는 것이기 때문이다.

문장 속의 성경 말씀은 본문과 해설을 곁들여 기록하였으나 해설은 뚜렷한 이론으로 정립된 것이 아니므로 성경을 해석하는 것은 각자의 느낌이나 사고력에 따라 다르리라고 본다. 본 해설의 일부분은 역자의 생각일 수 있으므로 가벼운 마음으로 성경을 묵상하는 시간을 갖기를 바란다.

끝으로 본문의 교정과 편집을 위해 심혈을 기울여 주신 하움 출판사의 관계자 여러분에게 감사를 드린다.

엮은이 황성주

01

기도 속의 용어 해설

● 용어 해설

· 여호와 닛시(Jehovah-Nissi, The LORD is my -Banner)

히브리어 닛시는 깃발, 신호용 장대 등의 뜻을 가지고 있는데 '여호와는 나의 깃발'이라는 말은 승리와 소망을 뜻한다.

· 여호와 삼마(Jehovah-Shammah, THE LORD is THERE)

'여호와께서 거기에 계시다'라는 뜻이다. 에스겔의 이상 중에 언급된 하늘 예루살렘에 붙여진 이름이다(겔 48:35). 비록 택한 백성이 범죄하여 포로로 끌려갔더라도 하나님은 그들을 떠나지 않으시고 그들과 함께하신다는 뜻이 담겨 있다. 결국 에스겔은 임마누엘 되시는 하나님의 모습을 상기시킴으로써 포로로 잡혀간 유다 백성에게 큰 소망과 위로를 주었다.

· 여호와 샬롬(Jehovah-Shalom, The LORD is Peace)

'여호와는 평강이시다'라는 뜻이다. 사사 기드온이 하나님과 자기 사이에 모든 일이 화평하게 된 것을 기념하여 오브라에 있는 제단에 붙인 이름이다(삿 6:24). 물론 이 평안의 주체는 여호와 하나님이시다. 또한 아랍어의 '안녕하세요?' 인사는 '살라마

리쿵!'이고 이에 대한 답은 '살롬'이라고 한다.

· 여호와 이레(Jehovah-Jireh, The LORD will Provide)

야훼 이레(Yahweh-jireh)의 뜻은 '여호와께서 보심' 또는 '여호와께서 준비하심'이다. 여호와는 하나님의 영어 고유 명사이다. 히브리어 יְהוָֹה을 음역화하고, 거룩한 테트라그라마톤 יהוה을 모음화한 것이며 성경에 따르면 하나님이 그분의 거룩한 사람들에게 나타났다는 뜻의 이름이다.

· 여호와 라파(Jehovah-Rapha)

'라파'는 히브리어이다. 병이나 상처를 고치거나 낫게 함을 일컫는 말로 '완치자'라는 의미를 담고 있다. 상처가 나면 약을 발라 낫게 도와주지만 처음과 같이 완치시킬 수는 없다.

· 여호와의 이름(The Name of the LORD)

하나님의 거룩한 칭호를 뜻하기도 하나(창 4:26, 왕상 18:24, 욜 2:32, 습 3:9) 성경 문학적 측면에서 좀 더 넓은 의미로 하나님의 거룩한 성품과 인격, 존재와 능력 또는 영광과 권위 등을 나타내기도 한다(출 20:7, 신 5:11, 28:10, 32:3, 대상 23:13, 렘 3:17). 따라서 하나님의 이름은 언제나 찬송과 존귀와 영광을 받아야 하며(욥 1:21), 그 이름을 의지하는 자는 은혜를 얻는다(습 3:12). → '삼위 하나님의 거룩한 명칭들'을 보라.

· 여호와의 종(The Servant of the LORD)

하나님께서 친히 택하시고 쓰시는 일꾼(수 1:1, 왕하 9:7)이다. 특히, 하나님의 구원 역사를 이뤄 가실 메시아를 가리키는 표현이다(사 42:1~4, 53).

· 임마누엘(Immanuel)

이사야에 의하여 예언된 메시아의 이름이다. '하나님이 우리와 함께 계시다'라는 뜻으로, 신약 성경의 마태복음 에서는 그리스도가 예언된 구주(救主)라 하였다.

* 인터넷에서 참고함.

2012년의 묵상 편지

🖂 2012년 12월 27일

아무것도 염려하지 말고 다만 모든 일에 기도와 간구로 너희 구할 것을 감사함으로 하나님께 아뢰라(빌 4:6).

성경 말씀

빌 4:6 아무것도 염려하지 말고 다만 모든 일에 기도와 간구로 너희 구할 것을 감사함으로 하나님께 아뢰라.

해설

바울은 그리스도의 심정으로 빌립보 교인들을 사랑했다. 또한 바울은 다시 오실 그리스도를 사모하는 마음으로 빌립보 교인들을 만나 보기로 했다. 기쁨·면류관과 빌립보 교인들의 성령의 열매가 그들의 생활 가운데 밝히 드러났기 때문에 바울은 기뻐한다.

🖂 2012년 12월 30일

한 해 동안 수많은 시련과 고난을 이겨 내고 한 해 마지막 주일 섬기신 분이 제 믿음을 강하고 담대하게 붙들어 2013년 하나님 주신 축복의 땅으로 들어가세요. 사랑합니다.♥

✉ 2012년 12월 31일

오늘 하루 마지막이 아니라 지혜로운 다섯 처녀처럼 믿음의 기름 채우는 날 가득 채우세요. 성령 충만.

우리에게 위로가 되는 성경 말씀

• 고후12:9-10

나에게 이르시기를 내 은혜가 네게 족하도다 이는 내 능력이 약한 데서 온전하여짐이라 하신지라 그러므로 도리어 크게 기뻐함으로 나의 여러 약한 것들에 대하여 자랑하리니 이는 그리스도의 능력이 내게 머물게 하려 함이라 그러므로 내가 그리스도를 위하여 약한 것들과 능욕과 궁핍과 박해와 곤고를 기뻐하노니 이는 내가 약한 그 때에 강함이라

• 고후4:16-18

그러므로 우리가 낙심하지 아니하노니 우리의 겉사람은 낡아지나 우리의 속사람은 날로 새로워지도다 우리가 잠시 받는 환난의 경한 것이 지극히 크고 영원한 영광의 중한 것을 우리에게 이루게 함이니 우리가 주목하는 것은 보이는 것이 아니요 보이지 않는 것이니 보이는 것은 잠깐이요 보이지 않는 것은 영원함이라

2013년의 묵상 편지

2013년 01월 09일

날씨가 너~무 춥죠. 보일러도 전열기도 너~무 부담되고 좋은 방법이 있지요. 이럴 때는 예배 성령의 불을 뜨겁게 하세요.

2013년 02월 03일

지금은 은혜 받을만한 때요. 보라. 지금은 구원의 날이로다(고후 6:2). 부활 생명 주일.♡ 사랑합니다.

성경 말씀

고후 6:2 이르시되 내가 은혜 베풀 때에 너에게 듣고 구원의 날에 너를 도왔다 하셨으니 보라. 지금은 은혜 받을만한 때요. 보라. 지금은 구원의 날이로다.

해설

바울이 경험한 고난이 시적인 문체로 기록되어 있다. 이것은 바울이 사도권을 변증하기 위한 의도에서 기록되었다. 따라서 이 부분은 역설적 진리라고 할 수도 있다. 즉, 복음 전도자에게는 죽음이 곧 삶이고 고난이 기쁨의 원천이 된다.

🖂 2013년 02월 06일

며칠 내린 하얀 눈은 세상 하얗게 40주야 내린 비, 세상을 바다로 예수 보혈은 영원히 우리 죄 깨끗하게.

🖂 2013년 02월 12일

설날 하나님 은혜 많이 받으셨나요? 기다려 보세요. 은혜와 구원의 날을 베푸시는 하나님 기대하세요.

🖂 2013년 02월 18일

18~22일 필리핀 빈민 지역 선교 봉사로 성도와 함께 갑니다. 선교팀 ○○교회 공동체를 위해 기도 부탁해요.♡

🖂 2013년 03월 03일

몸이 움츠러드는 차가운 아침 공기, 이제 곧 따뜻한 봄 향으로 바뀌듯 예배하는 자 하나님 은혜를 받겠죠.♡

🖂 2013년 03월 17일

하나님 아버지의 사랑 예수 그리스도의 보혈로 성령 충만 은

혜 충만 채워지는 날 믿음으로 받는 날.♡

✉ 2013년 03월 30일

내가 할 수 있는 것. 내가 할 수 없는 것. 모든 것을 십자가에 못 박고 오직 예수님 사랑으로 새 생명 부활 주일.

✉ 2013년 04월 05일

주말에 강풍 동반한 많은 비가 내린다고 하네요. 날씨 흐리지만 마음만은 주님으로 빛난 저녁 보내세요.

✉ 2013년 04월 08일

사랑하는 것은 사랑을 받는 이보다 행복하다. 유치환 님의 「행복」 /^o^)/♡ 그래서 더 사랑합니다.

✉ 2013년 04월 10일

봄꽃보다 차가운 바람과 흰 눈을 선물하는 4월 전쟁의 불안을 더하는 달, 혹 잔인한 달의 명성을 이어 갈까요? 우린 아무것도 염려하지 말고 하나님께 예배로 나아가죠. 샬롬!

✉ 2013년 04월 21일

임마누엘 하나님은 우리를 사랑하고 보호하심에 신실하시고 영원하시죠. 오늘 우물가 여인처럼 찾아오신 하나님 아버지 앞에 나가셔서 놀라운 사랑과 은혜를 맛보세요. 샬롬.

✉ 2013년 04월 27일

♧띵동띵동♧
은혜와 축복 선물이 도착했습니다. 유효 기간 평생 걱정하지 마세요. 하나님 선물. 샬롬.

✉ 2013년 04월 29일

흐린 듯한 날씨가 지금 처한 우리 인생처럼 답답해 보일 수 있는 아침이지만 시원한 소낙비 내린 후 언제나 눈부신 햇살이 우리를 비추어 주듯 오늘 하늘 하나님 은총의 빛 가득하길.

✉ 2013년 05월 01일

예배당 모자이크 창문 간절히 기도하는 성도에게 응답하듯 하나님 따사로운 햇살 노크하네. 조금씩 조금씩 예배당이 제 햇빛으로 가득 채워졌네. 오늘 우리 영혼에도 채우시리.

✉ 2013년 05월 01일

5월의 첫날 공항 활주로 위로 상큼한 여름 향기가 납니다. 조금 따갑게 느끼는 햇살이지만 왠지 무성한 초록 잎사귀 사이로 맛있는 열매가 주렁주렁 맺힐 것 같은 기분 좋은 날입니다. 사랑과 기도의 섬김으로 필리핀 빈민 사역과 청소년 복음 캠프에 십자가 사랑과 은혜 가득 담아서 복음을 전하고 돌아왔습니다. 희망 없이 쓰레기를 줍던 아이들이 하나님의 자녀임을 받아들이고 꿈을 꾸며 찬양하며 기도로 부르짖으며 눈을 들어 천지를 지으신 하나님을 바라봅니다. 그 눈은 더 이상 절망이 아니라 소망으로 가득 찬 눈빛이었습니다. 아주 오래전 목자 없는 양처럼 희망도 없이 절망 가운데 생명의 빛이 사그라지던 조선의 백성들이 선교사님들의 복음을 받은 후 소망의 눈빛이 가득한 것처럼 아이들의 눈빛은 주님의 생명 빛으로 가득하여 찬양하고 춤을 추며 살아 계신 하나님께 온몸으로 예배합니다. 소망합니다. 한국처럼 필리핀도 하나님의 복음과 축복의 통로가 되길 기도로 하나님께 올려 드립니다. 사랑합니다. 축복합니다.^^♡

✉ 2013년 05월 05일

주님! 한숨과 슬픔, 아픔과 곤고함은 다 소멸하시고 기쁨과 감사와 행복으로 맘속 가득 채워 주소서.

🖂 2013년 05월 08일

사랑합니다. 축복합니다. 하나님께 간구합니다. 하나님 최고의 사랑과 은혜 베풀어 달라고 오늘 하나님만 바라보고 승리하세요. 파이팅.^^

🖂 2013년 05월 12일

하나님이 우리에게 주신 것은 두려워하는 마음이 아니요. 오직 능력과 사랑과 근신하는 마음이니.♡

🖂 2013년 05월 15일

어둠 밀어내는 따뜻한 햇살 예배당 가득 밀려오듯 하나님 거룩한 은혜와 사랑 빛이 지친 우리 삶에 생명과 기쁨으로 채우길 간구합니다.

🖂 2013년 05월 14일

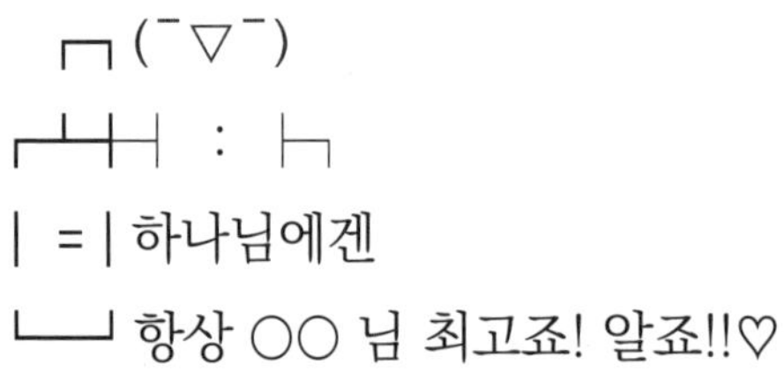

✉ 2013년 05월 18일

복음을 부끄러워하지 아니하노니 이 복음은 모든 믿는 자에게 구원을 주시는 하나님의 능력이라.♥

✉ 2013년 05월 20일

어둠이 밀려오면 하루가 끝나죠. 한없이 달려가는 인생길, 잠시 쉴 수 있게 하나님 주신 선물이죠. 낮과 밤 나뉘듯 불행도 행복으로 바뀌게 될 거죠. 우린 하나님께서 이 땅을 빛으로, 축복으로 바꾸기 위해서 택하신 특별한 사람들이죠. 우리가 불행에 지지 않고 빛이신 예수 그리스도를 바라보며 달려가면 행복이 올 겁니다. 조금 더 참고 이겨 내요. 우리 뒤에서 응원하는 하나님과 소중한 가족이 있지요. 그리고 제가 기도로 응원합니다. 힘내세요. 사랑하고 축복합니다.

✉ 2013년 05월 23일

새벽을 깨우는 사람은 누구일까요. 시 57:8, 108:2 큰 문제와 시험에서 하나님 크신 능력으로 구원을 바라는 간구와 반드시 응답하신다는 감사와 찬송, 다윗의 고백이죠. 나의 간구와 구원과 은혜를 이루어 주실 것에 대한 믿음의 감사, 이것이 새벽을 깨우는 이유랍니다. 하나님은 우리의 사정을 듣기를 원하시고 우리 입술로 감사와 찬양받기를 원하십니다. 오늘도 승리하는 하루 보내세요. 사랑하고 축복합니다.

성경 말씀

시 57:8 내 영광아 깰지어다. 비파야, 수금아, 깰지어다. 내가 새벽을 깨우리로다.

해설

원수들이 자기 꾀에 빠져 자멸함을 보면서 하나님의 구원 행위를 찬양하고 있다.

성경 말씀

시 108:2 비파야, 수금아, 깰지어다. 내가 새벽을 깨우리로다.

해설

이 시는 다윗의 시, 즉 57:7~11과 60:5~12를 재구성한 것이다. 다윗이 사울에게 쫓겨 다닐 때 그리고 주변 국가들이 침입해 왔을 때 하나님의 도우심을 간구하며 찬송했던 시들이다.

✉ 2013년 05월 24일

세상을 창조하신 하나님의 세계가 밝아 옵니다. 끊임없이 쏟아지는 뉴스와 신문에는 살 만한 세상 행복한 세상이 아니라고 말하지만 그 세상이 우리가 사는 세상이며 여전히 하나님이 다스리는 세상입니다. 하나님을 믿는 자들도 매 순간 깨어 있지 않을 때 겉으로 표현하지 못해도 절망과 소망 대신에 무거운 십자가만 있는 인생이라 여기며 삶, 무거운 채로 살아가죠. 하지만 기억하세요. 우리가 살아가는 이 세상 하나님 말씀으로 6일 만에 창조하셨음을. 우리가 말씀으로 돌아갈 때 모든 삶의 무게를 가볍게 해 주겠다는 약속을 기억하고 힘내세요. 곧 하나님 말씀이 우리 삶을 축복으로 창조하실 겁니다. 사랑합니다. 축복합니다.

2013년 05월 26일

사랑하는 자여! 네 영혼이 잘됨 같이 네가 범사에 잘되고 강건하기를 내가 간구하노라(요삼 1:2).

성경 말씀

요삼 1:2 사랑하는 자여 네 영혼이 잘됨 같이 네가 범사에 잘되고 강건하기를 내가 간구하노라.

해설

본서는 개인 가이오에게 보낸 편지이다. 요한은 복음 전도자인 가이오와 디오디레베의 태도를 대조함으로써 복음을 위해 애쓰는 순회 사역자들에 대한 선처를 호소하고 있다. 복음 전도자를 선대한 가이오의 행위를 칭찬함으로써 주의 사역자들을 정성껏 예우할 것을 주문하면서, 요한의 사도권을 부정하고 순회 전도자를 박대한 디오드레베의 악행에 대해서는 강하게 경책하였다.

🖂 2013년 05월 28일

권사님을 알게 된 후 너무나 하나님 큰 사랑과 위로를 받고 있음을 깨닫게 됩니다. 제가 하나님께 받고 있는 은혜와 축복, 권사님께 갑절이 넘치게 채워 주시길 기도합니다. 빗길에 조심하시구요. 사랑합니다. 축복합니다.~♥

🖂 2013년 05월 30일

하나님은 오늘도 우리 가운데 은혜받을 만한 자를 찾으십니다. 그리고 반드시 영생뿐 아니라 이 땅에서도 하나님 영광을 위해서 축복하십니다. 왜냐하면 이 땅 곳곳마다 가난과 질병, 전쟁으로 고통을 받는 이들을 주의 이름으로 돕게 하사 구원으로 인도하시기 위해서입니다. 욥은 고난을 받았지만 인내하였으므로 결국 갑절의 축복을 받았습니다. 오늘 하루도 소망을 붙들며 환난을 인내하며 믿음으로 전진하시길 축복합니다. 하나님 반드시 응답하시고 축복해 주실 줄 믿습니다. 사랑합니다. 축복합니다.

🖂 2013년 06월 01일

6월 첫날 제가 사는 이곳 서귀포에는 보슬비가 내립니다. 큰 비는 아니지만 소리 없이 메마른 대지 위에 바위, 나무, 꽃, 풀 위에 내립니다. 모두 모두 목말랐는지 여기저기 방울방울 구슬 같은 보석들이 맺혀 있습니다. 곧 아름다운 꽃들과 열매가 가득할 것 같습니다. 그 놀라운 일들을 상상하며 가만히 눈을 감고 간절히 기도합니다. 오늘과 내일 하나님 앞에 나아가 경배하는 우리 모두에게 하나님 거룩한 은혜와 축복의 비 내려 이 세상이 줄 수 없는 놀라운 평강과 행복하길 바랍니다. 사랑합니다. 축복합니다.

✉ 2013년 06월 03일

아기의 울음소리에는 여러 뜻이 있음을 엄마는 알지요. 배가 고픈지 기저귀를 바꿔 달라는 건지 잠투정인지 엄마는 알지요. 아기 엄마가 아니면 돌보는 데 한계를 느끼고 짜증을 내고 결국 포기하기도 하지요. 하나님은 언제나 우리를 사랑하는 자녀라 말씀하시죠. 그것도 독생자 예수 그리스도의 생명과 바꿀 만큼 엄청난 사랑을 값없이 우리에게 주신 진짜 우리를 사랑하는 아버지시죠. 우리가 왜 우는지 아무도 몰라도 우리 아버지는 아시죠. 힘들 때 아버지께 나가세요. 그냥 우셔도 돼요. 하늘로부터 평강과 은혜를 주실 겁니다. 힘내세요. 오늘도 하나님 아버지 우리와 함께하십니다. 사랑합니다. 축복합니다.~♥~

🖂 2013년 06월 10일

구름 사이로 파란 미소가 환하게 웃어 줍니다. 지친 삶에, 두려운 삶에 밝은 햇살을 비춰 줍니다. 며칠 흐린 날씨로 우울한 색깔 밝게 칠해 주네요. 가만히 주님 말씀 떠올려 봅니다. 무릇 지킬 것은 마음이라구요. 세상도 환경도 당장 바꿀 수는 없어도 마음에 평화는 지금 당장 예수 그리스도 이름으로 평화를 선포하고 믿기만 하면 누릴 수 있음을 사랑합니다. 축복합니다. 주님 안에서 평화의 빛을 누리시길 기도로 하나님께 올려드리겠습니다.~♥

🖂 2013년 06월 13일

세상을 밝히는 하나님의 빛 먹구름도 막지 못하듯 하나님 은혜로 택함 받은 사람을 어떤 시험도 하나님 축복을 막지 못하죠. 하나님 약속대로 세상을 이기시고 하늘과 땅의 모든 권세를 가지신 예수 그리스도께서 영원토록 우리와 함께하시겠다고 약속하셨습니다. 힘내세요. 승리할 겁니다. 사랑합니다. 축복합니다.♡

🖂 2013년 06월 16일

모든 사람과 더불어 화평함과 거룩함을 따르라. 이것이 없이는 아무도 주를 보지 못하리라(히 12:14). 아멘!

축복과 은혜의 시작은 용서와 사랑, 화평이죠. 오늘 예배 가운데 하나님의 거룩한 기름 부으심이 가득하여 세상이 줄 수 없는 놀라운 하나님의 평강과 기쁨을 누리세요. 사랑합니다. 축복합니다.

성경 말씀

히 12:14 모든 사람과 더불어 화평함과 거룩함을 따르라. 이것이 없이는 아무도 주를 보지 못하리라.

해설

본서는 개인 가이오에게 보낸 편지이다. 요한은 복음 전도자인 가이오와 디오디레베의 태도를 대조함으로써 복음을 위해 애쓰는 순회 사역자들에 대한 선처를 호소하고 있다. 복음 전도자를 선대한 가이오의 행위를 칭찬함으로써 주의 사역자들을 정성껏 예우할 것을 주문하면서, 요한의 사도권을 부정하고 순회 전도자를 박대한 디오드레베의 악행에 대해서는 강하게 경책하였다.

🖂 2013년 06월 17일

대부분 해외라는 곳을 가 보지 못한 목사님들, 제주에서 육지 나가기도 버거워 휴가나 안식년은 꿈도 꾸지 못한 목사님들, 숨겨진 선한 사마리아인 성도들께서 섬겨 주셔서 이렇게 용기 내어 떠나 봅니다. 기도합니다. 우리는 지금 선교지 탐방이란 주제로 태국으로 가기 위해서 인천 공항에 모였습니다. 비행기는 저녁인데 경비를 아끼려 아침부터 올라와 대기 중입니다. 다들 어린 아이처럼 좋아합니다. 나중에 천국에 가면 얼마나 좋아하실까.^^ 이 땅에 사는 동안 하나님의 사랑과 예수님 성취하신 완전한 평화 그리고 연약한 우리를 통해 하나님 나라에서, 임재 위해서 동역자로 거듭나는 여행이 되길 소망합니다. 보고 싶습니다. 감사합니다. 사랑하고 축복합니다.^^

🖂 2013년 06월 22일

장마도 열기도 잊어버릴 만큼 하나님을 경배와 찬양으로 예배드리는 은혜와 축복의 주일이 되길.♡

🖂 2013년 06월 26일

두려워 말라. 놀라지도 말라. 내가 너의 하나님이라. 하나님의 약속을 믿고 살아가는 삶, 우리가 할 수 없는 것 오직 하나님만이 능히 감당하심을 신뢰하는 삶, 우리가 가야 할 길을 알지 못할 때에도 우리를 완전한 길, 생명의 길, 영생의 길로 우리를 사랑하시는 하나님 아버지 인도하시네. 우리의 모든 삶이 오직 아버지의 것이라 입술로 고백하며 우리의 전부를 주께 드리며 믿음의 길로 행할 때 모든 기적이 오늘도 일어날 줄 믿습니다. 사랑합니다. 축복합니다.~♥

🖂 2013년 07월 04일

하나님 말씀을 읽을 수 있는 눈을 주심을 감사, 하나님 말씀을 들을 수 있는 귀를 주심에 감사, 하나님 말씀을 전할 수 있는 하나님의 동역자가 되게 하심을 감사, 새벽 예배를 드린 후 배고파 칭얼거리는 아기 입에 감사와 사랑으로 기도하며 젖병을 물려 줍니다. 눈도 뜨지 못한 채 쪽쪽 소리 내며 빨아 먹습니다. 나도 모르게 행복한 미소를 짓습니다. 우리 아버지 하나님도 신령한 젖을 빨아 먹는 우리를 보시며 얼마나 행복해하실까 생각하니 아버지의 기쁨이 내 안에 흘러넘칩니다. 오늘 하루도 우리 함께 여호와 하나님의 말씀을 주야로 묵상하며 살아가는 복을 누릴 수 있는 하루가 되기를 기도합니다. 사랑합니다. 축복합니다.

✉ 2013년 07월 05일

이제 하나님 앞에 기도의 제단을 쌓으려 나아갑니다. 항상 두렵고 떨리는 마음에 머뭇거리지만 오직 예수 그리스도의 보혈을 의지하며 나아갑니다. 이 시간 영으로, 마음으로 아버지 앞에 함께 나아가길 부탁합니다. 하나가 아닌 당신과 나 그리고 성령님이 함께 하나님 은혜의 보좌 앞에 나아가길 소망합니다. 사랑합니다. 축복합니다.

✉ 2013년 06월 17일

요즘 모두가 갑과 을로, 인간관계로 등급을 매기지만 아브라함, 요셉, 모세, 다윗에겐 오직 하나님만 갑이죠.

✉ 2013년 07월 13일

모든 하늘이 파란 하늘일 수 없듯이 모든 마음 행복할 수 없겠지만 예수님 사랑으로 평강이 가득하길.♡

✉ 2013년 07월 15일

최선을 다한 사람들 향해 붉은 태양 저물어 가며 붉은 노을 미소로 인사하네요. 수고하셨습니다. 애쓰셨습니다. 주님 은혜와 축복 가득하세요.

🖂 2013년 07월 16일

하늘 어둠 밀어내는 태양 빛은 아니지만 회색 구름 빛이라도 세상을 밝히기에는 부족함이 없습니다. 비록 하나님의 능력을 다 담지 못하는 연약한 사람일지라도 예수님 이름을 믿고 선포하는 자에게는 마음과 생각 안에 있는 어둠도, 삶의 모든 어둠도 물러가게 될 줄 믿습니다. 우리 안에 예수님 생명 씨앗이 있습니다. 믿고 선포하시면 승리할 것입니다. 사랑합니다. 축복합니다.

🖂 2013년 07월 16일

믿음이 없이는 하나님을 기쁘게 하지 못합니다. 하나님은 찾는 자에게 상을 주십니다. 오늘 예배 때 주시죠.

🖂 2013년 07월 22일

장마임에도 불구하고 제주 하늘은 파란 하늘이라 피서 온 이들에게는 시원한 미소로 느껴지겠지만 농사를 짓는 분들에게는 지독한 가뭄으로 속을 태우게 하고 중부 지역 하늘은 이제 그만 비가 그쳤으면 하여도 반복되는 장맛비에 더욱 속이 타는 이들이 많아지네요. 하나님은 왜 이러실까요.^^ 고난을 주시는 하나님의 뜻은 말씀을 통해서 보여 주셨죠. 현재 당하는 고난은 장차 받을 영광과 족히 비교할 수 없다구요. 날씨 때문이든 돈 때문이든 건강 때문이든 사람 때문이든 외면이든 내면이든 모두가 힘들지 않은 사람은 없지요. 그래서 하나님은 시험과 고난을 이길 수 있도록 하나님의 지혜를 간구하는 누구에게든지 부어 주시죠. 단 믿음이 있는 자에게요. 믿음이 없이는 하나님을 기쁘시게 하지 못하나니 하나님께 나아가는 자는 반드시 그가 계신 것과 또한 그가 자기를 찾는 자들에게 상 주시는 이심을 믿어야 할지니라(히 11:6). 오직 믿음으로 구원을 얻고 믿음으로만 신앙의 삶이 승리할 수 있습니다. 사랑합니다. 축복합니다.

성경 말씀

히 11:6 믿음이 없이는 하나님을 기쁘시게 하지 못하나니 하나님께 나아가는 자는 반드시 그가 계신 것과 또한 그가 자기를 찾는 자들에게 상 주시는 이심을 믿어야 할지니라.

해설

세상을 정죄하고 믿음을 좇는 의의 후사에 대한 말씀으로 노아는 하나님께서 자신에게 주신 경고를 공공연히 선포하였다. 그는 세상 사람들에게 회개를 촉구했고 죄와 세상에 대한 하나님의 심판을 전했다. 또한 그는 하나님 말씀을 믿고 순종하여 방주도 지었다. 이와 같이 노아는 하나님 편에 서서 세상을 정죄하였다. 그의 이런 행위는 장차 일어날 일을 믿음으로 바라보았기 때문이며 이런 믿음으로 그는 의의 후사가 되었던 것이다.

✉ 2013년 07월 23일

1 여호와는 나의 목자시니 내게 부족함이 없으리로다.
2 그가 나를 푸른 풀밭에 누이시며 쉴 만한 물가로 인도하시는도다.
3 내 영혼을 소생시키시고 자기 이름을 위하여 의의 길로 인도하
시는도다.
4 내가 사망의 음침한 골짜기로 다닐지라도 해를 두려워하지 않을
것은 주께서 나와 함께 하심이라 주의 지팡이와 막대기가 나를
안위하시나이다.
5 주께서 내 원수의 목전에서 내게 상을 차려 주시고 기름을 내 머
리에 부으셨으니 내 잔이 넘치나이다.
6 내 평생에 선하심과 인자하심이 반드시 나를 따르리니 내가 여
호와의 집에 영원히 살리로다(시 23편).

할렐루야 아멘!

오늘 하루도 하나님이 함께하시며 지키시고 승리하게 하실 겁니다. 사랑합니다. 축복합니다.

성경 말씀

시 23:1 여호와는 나의 목자시니 내게 부족함이 없으리로다.
시 23:2 그가 나를 푸른 풀밭에 누이시며 쉴 만한 물가로 인
도하시는도다.
시 23:3 내 영혼을 소생시키시고 자기 이름을 위하여 의의
길로 인도하시는도다.
시 23:4 내가 사망의 음침한 골짜기로 다닐지라도 해를 두려
워하지 않을 것은 주께서 나와 함께 하심이라 주의 지팡이와
막대기가 나를 안위하시나이다.
시 23:5 주께서 내 원수의 목전에서 내게 상을 차려 주시고
기름을 내 머리에 부으셨으니 내 잔이 넘치나이다.
시 23:6 내 평생에 선하심과 인자하심이 반드시 나를 따르리
니 내가 여호와의 집에 영원히 살리로다.

해설

시편 23은 다윗의 시로 예배의 정신을 밀도 있게 표현한 시이다. 특히 윤리적인 면이 두드러지고 있으며 하나님의 인도와 보호를 서정적으로 그리고 있다.

✉ 2013년 07월 23일

늦은 밤이지만 하나님 베푸실 은혜와 평강으로 문자를 보냅니다. 경기도 가평 필그림하우스에서 하나님 나라와 제주도 그리고 ○○교회와 성도들을 하나님께 올려 드리기 위해서, 하

나님 손에 붙들린 주님의 종이 되기 위해서 금요일까지 금식 기도로 나아가고자 합니다. 기도로 함께해 주세요. 이 밤 하나님 평강이 가득하길 기도합니다. 사랑합니다. 축복합니다.

🖂 2013년 07월 25일

3 찬송하리로다. 하나님 곧 우리 주 예수 그리스도의 아버지께서 그리스도 안에서 하늘에 속한 모든 신령한 복을 우리에게 주시되
4 곧 창세 전에 그리스도 안에서 우리를 택하사 우리로 사랑 안에서 그 앞에 거룩하고 흠이 없게 하시려고
5 그 기쁘신 뜻대로 우리를 예정하사 예수 그리스도로 말미암아 자기의 아들들이 되게 하셨으니
6 이는 그가 사랑하시는 자 안에서 우리에게 거저 주시는 바 그의 은혜의 영광을 찬송하게 하려는 것이라.
7 우리가 그리스도 안에서 그의 은혜의 풍성함을 따라 그의 피로 말미암아 속량 곧 죄 사함을 받았느니라.
8 이는 그가 모든 지혜와 총명을 우리에게 넘치게 하사
9 그 뜻의 비밀을 우리에게 알리신 것이요. 그의 기뻐하심을 따라 그리스도 안에서 때가 찬 경륜을 위하여 예정하신 것이니
10 하늘에 있는 것이나 땅에 있는 것이 다 그리스도 안에서 통일되게 하려 하심이라.
11 모든 일을 그의 뜻의 결정대로 일하시는 이의 계획을 따라 우리가 예정을 입어 그 안에서 기업이 되었으니(엡 1:3~11)

성경 말씀

엡 1:3 (하늘에 속한 신령한 복) 찬송하리로다. 하나님 곧 우리 주 예수 그리스도의 아버지께서 그리스도 안에서 하늘에 속한 모든 신령한 복을 우리에게 주시되

엡 1:4 곧 창세 전에 그리스도 안에서 우리를 택하사 우리로 사랑 안에서 그 앞에 거룩하고 흠이 없게 하시려고

엡 1:5 그 기쁘신 뜻대로 우리를 예정하사 예수 그리스도로 말미암아 자기의 아들들이 되게 하셨으니

엡 1:6 이는 그가 사랑하시는 자 안에서 우리에게 거저 주시는 바 그의 은혜의 영광을 찬송하게 하려는 것이라.

엡 1:7 우리가 그리스도 안에서 그의 은혜의 풍성함을 따라 그의 피로 말미암아 속량 곧 죄 사함을 받았느니라.

엡 1:8 이는 그가 모든 지혜와 총명을 우리에게 넘치게 하사

엡 1:9 그 뜻의 비밀을 우리에게 알리신 것이요. 그의 기뻐하심을 따라 그리스도 안에서 때가 찬 경륜을 위하여 예정하신 것이니

엡 1:10 하늘에 있는 것이나 땅에 있는 것이 다 그리스도 안에서 통일되게 하려 하심이라.

엡 1:11 모든 일을 그의 뜻의 결정대로 일하시는 이의 계획을 따라 우리가 예정을 입어 그 안에서 기업이 되었으니

해설

예수의 사도가 된 에베소서에 있는 성도들과 그리스도 안에 있는 신실한 자들에게 보낸 편지이다. 바울은 믿는 자들의 모든 영적인 축복에 대하여 삼위일체 하나님께 찬양을 드린다. 바울의 찬양은 성부의 예정, 성자의 구속, 성령의 보증 순서로 나열되어 있는 편지 문구이다.

✉ 2013년 07월 25일

제주를 떠나 경기도 가평에 있는 필그림하우스에서 목회 설교 세미나 마지막 밤, 오늘 마지막 강의 시간입니다. 하늘과 땅을 창조하시고 다스리시는 하나님께서 저에게 믿음을 주시고 주의 종을 삼아 주심에 감사드리고 또 존귀한 권사님을 만나는 복을 주심에 감사하게 되는 밤입니다. 사랑과 섬김 그리고 기도로 늘 함께해 주셔서 감사합니다. 깊은 존경과 사랑하는 마음을 고백합니다. 남은 삶 동안 하나님 나라를 위해서 함께 동역하는 축복이 있기를 소망합니다. 사랑합니다. 축복합니다.

✉ 2013년 07월 27일

보지 못해도 하나님이 계시고, 느끼지 못해도 하나님 사랑은 변함이 없고, 들리지 않아도 제 기도는 계속 하나님께 올려 드리고 있습니다. 힘내세요. 하나님은 반드시 은혜 주시지요.♡

✉ 2013년 08월 06일

15 그러나 주여, 주는 긍휼히 여기시며 은혜를 베푸시며 노하기를
더디하시며 인자와 진실이 풍성하신 하나님이시오니
16 내게로 돌이키사 내게 은혜를 베푸소서. 주의 종에게 힘을 주
시고 주의 여종의 아들을 구원하소서.
17 은총의 표적을 내게 보이소서. 그러면 나를 미워하는 그들이
보고 부끄러워하오리니 여호와여 주는 나를 돕고 위로하심이
니이다(시 86:15~17).

하나님은 사랑과 은혜와 축복과 구원을 베푸시는 하나님이십니다. 반드시 우리를 도우시고 위로하사 은총의 표적을 주시는 하나님이십니다. 그 하나님께서 오늘 우리와 함께하십니다. 믿음으로 견디십시오. 반드시 승리케 하사 복주시고 복 주실 줄 믿습니다. 사랑합니다. 축복합니다.^^

성경 말씀

시 86:15 그러나 주여, 주는 긍휼히 여기시며 은혜를 베푸시며 노하기를 더디하시며 인자와 진실이 풍성하신 하나님이시오니

해설

교만하고 포악한 대적들의 공격에 직면한 다윗이 하나님의 도움과 구원을 호소한 것이다.

성경 말씀

시 86:16 내게로 돌이키사 내게 은혜를 베푸소서 주의 종에게 힘을 주시고 주의 여종의 아들을 구원하소서.

해설

환난에 처한 시인은 그가 '주를 의지하는 종'임을 고백하며, 하나님께 긍휼과 기도에 대한 응답을 호소하고 있다.

성경 말씀

시 86:17 은총의 표적을 내게 보이소서. 그러면 나를 미워하는 그들이 보고 부끄러워하오리니 여호와여 주는 나를 돕고 위로하심이니다.

해설

신뢰의 근거로 삼고 있는 하나님의 절대성을 고백한다. 하나님만이 참으로 하나님이시다.

🖂 2013년 08월 09일

많이 힘드시죠. 삶이 만만치 않지요. 돌 광석들이 용광로의 불덩이 속에서 모든 불순물이 제거되어 강철이 되듯이 수많은 고난과 연단을 통해서 하나님은 우리를 하늘과 땅의 축복을 받는 유업자로 만들고 계시죠. 오늘도 무더위 조심하시구요. 무기력도 조심하시구요. 무엇보다 끊임없이 밀려오는 영적 무기력을 조심하세요. 말씀, 기도, 찬양 다 사용하시되 가장 중요한 것은 믿음의 자신감입니다. 예수 이름, 그 이름이 능력입니다. 무조건 선포하세요. 그러면 우리 안에 내주하시는 성령님이 역사하시고 도와주실 겁니다. 사랑합니다. 축복합니다.~♡

🖂 2013년 08월 11일

그러므로 너희 담대함을 버리지 말라. 이것이 큰 상을 얻게 하느니라. 너희에게 인내가 필요함은 너희가 하나님의 뜻을 행한 후에 약속하신 것을 받기 위함이라(히 10:35~36). 아멘!! 하나님의 약속은 반드시 이루어집니다. 오늘 예배 가운데에서도.^^ 사랑합니다. 축복합니다.~♡

성경 말씀

히 10:35 그러므로 너희 담대함을 버리지 말라 이것이 큰 상을 얻게 하느니라.
히 10:36 너희에게 인내가 필요함은 너희가 하나님의 뜻을 행한 후에 약속하신 것을 받기 위함이라.

해설

그리스도의 희생 제사를 부인하고 모이기를 폐하는 어떤 사람들에 대한 경고이다. 곧 배교자에 대한 준엄한 경고이다.

🖂 2013년 08월 12일

하나님을 사모하며 하나님의 선한 뜻을 따라 오늘 하루를 시작하시는 권사님 위에 예수 그리스도의 특별한 은혜와 하나님 아버지의 신실한 사랑과 성령님의 지혜와 능력이 함께하시길 축복합니다. 사랑합니다.^^

🖂 2013년 08월 15일

새벽 강단에 흘러내리는 눈물과 땀방울이 하나님이 흘리신 보혈과 비교할 수 없고 시간과 물질을 쪼개어 삶을 드려 보지만 하나님이 찢기시고 못 박히신 십자가 사랑에 비교할 수가 없네요. 그래서 감사하다는 고백밖에 드릴 게 없는 아침입니다. 오늘 하루도 하나님께서 값없이 주신 가장 아름답고 빛나는 시간이 되시기를 축복합니다. 행복하세요. 이것밖에 드릴 게 없어 오늘도 하나님 보좌 앞에 권사님을 올려 드립니다. 사랑합니다. 축복합니다.

🖂 2013년 08월 19일

제주가 아주 오랫동안 가뭄으로 타들어 가네요. 하지만 나무도 풀도 이상하리만치 파릇파릇한 이유는 뭘까요. 그것은 밤새 내린 작은 이슬방울에도 감사함으로 만족하기 때문이겠지요. 세상은 부당한 일들, 불공평한 일들로 가득한 곳. 하지만 우리가 세상을 향한 눈을 돌려 하나님을 바라볼 때, 우리에게 이미 주신 생명의 말씀 방울방울이 우리 심령 속에서 온 영과 육을 적셔 줄 때 축복의 땅으로 보일 것입니다. 오늘도 힘든 시간, 힘든 일들이 우리 앞에 있겠지만 매 순간 세상을 이기신 예수 그리스도 우리 주님이 도와주실 겁니다. 힘내세요. 사랑하고 축복합니다.~♥

🖂 2013년 08월 21일

♡─┐ 요일엔
| 수 | 수도 없이
└─♡웃어 봐용~
^0^ ^0^ ^0^
♡♡♡♡♡♡♡♡

🖂 2013년 08월 25일

메말랐던 제주 땅을 풍족한 비로 내려 주신 하나님, 오직 차고 넘치도록 부으시는 하나님의 은혜입니다. 사람이 할 수 없는 일을 오직 하나님이 하셨습니다. 그 하나님께서 오늘 예배 가운데 임재하셔서 권사님에게 큰 은혜의 생명수 주신 줄 믿고 하나님께 올려 드리겠습니다. 다시 한 주간을 오직 예수 그리스도의 이름으로 승리하세요. 우린 하나님의 나라요. 소유된 백성이며 왕 같은 제사장입니다. 사랑합니다. 축복합니다.~~~♥

예수께서 이르시되 너희 율법에 기록된 바 내가 너희를 신이라 하였노라 하지 아니하였느냐. 성경은 폐하지 못하나니 하나님의 말씀을 받은 사람들을 신이라 하셨거든(요 10:34~35)

성경 말씀

요 10:34 예수께서 이르시되 너희 율법에 기록된 바 내가 너희를 신이라 하였노라 하지 아니하였느냐.
요 10:35 성경은 폐하지 못하나니 하나님의 말씀을 받은 사람들을 신이라 하셨거든
요 10:36 하물며 아버지께서 거룩하게 하사 세상에 보내신 자가 나는 하나님의 아들이라 하는 것으로 너희가 어찌 신성모독이라 하느냐.

해설

그리스도의 희생 제사를 부인하고 모이기를 폐하는 어떤 사람들에 대한 경고이다. 곧 배교자에 대한 준엄한 경고이다.

✉ 2013년 08월 27일

비구름 사이로 시원한 바람이 길을 내고 반가운 가을 손님 머리카락 쓰다듬으며 인사하네요. 어느덧 뜨거운 아침이 시원한 아침으로 옷을 갈아입었네요. 곧 까만 돌담 너머로 노란 귤들이 인사하겠지요. 무더운 여름, 무거운 삶으로 많이 지치셨

죠. 사느라 힘을 다해 보지만 쉽게 풀리지 않는 인생으로 많이 힘드셨죠. 감사해요. 믿음을 포기하지 않고 잘 견디어 주셔서 여름이 가듯 고난도 갈 겁니다. 가을이 오듯 하나님 위로와 은혜, 축복이 올 겁니다. 조금만 더 인내하며 참아 보세요. 하나님께서 자녀를 결코 외면하거나 버려두지 않으신답니다. 하나님 아버지께서 우리가 당하는 고난이 장차 받을 영광과 비교할 수 없다고 하셨지요. 좋은 날, 기쁜 날, 영광의 날 주실 겁니다. 아시죠. 하나님과 제가 함께하고 있음을.^^ 힘내세요. 사랑합니다. 축복합니다.♡

🖂 2013년 09월 01일

넓고 넓은 하늘 아래 잠시 머물다 가야만 하는 인생. 하나님의 종이 되게 하심도 감사한데 같은 믿음, 같은 마음으로 오늘도 오직 하나님 한 분만을 위해서 동역하는 권사님이 계셔서 더 행복한 주일입니다. 하나님 우리 빈 그릇에 거룩한 기름을 부어 주실 줄 믿습니다. 주님의 날 온전히 태워지길 소망합니다. 사랑합니다. 축복합니다.

🖂 2013년 09월 02일

가을의 시작을 알리는 9월의 월요일입니다. 문득 하늘을 바라봅니다. 하얀 뭉게구름 사이로, 파란 미소로 기분 좋게 인사하네요. 열에서 하나 모자란 구. 왠지 가나 혼인 잔치에서 마지막 여섯 번째 항아리에 물이 채워졌을 때 물이 포도주로 바뀐 것처럼 이달이 지나면 하나님이 가장 좋은 것으로 채워 주실 것 같은 기쁜 믿음을 주네요. 한번 기대해 보세요. 하나님만이 가능한 기적의 은혜를 주실 것을 믿어 볼까요.^^

오늘 우리 함께 믿음의 항아리에 물이 가득 차도록 함께 믿음으로 선한 일을 할까요. 사랑합니다. 축복합니다.~♥

✉ 2013년 09월 03일

처음 가게 되는 땅 캄보디아 하나님 특별한 은혜 주심으로 ○○교회 목사 위임 세움 받은 날과 하나님 주신 딸의 첫 생일 때 그 은혜에 감격하여 드렸던 우물들이 있는 곳에 이젠 하나님의 생명수를 전하러 갑니다. 혼자 가는 길이지만 하나님 제게 주신 동역자를 마음에 품고 갑니다. 한 영혼이라도 하나님께 인도할 수 있도록 기도해 주세요. 무엇보다 휴가 기간 이루어지는 선교 사역이 육신의 쉼이 아니라 오직 하나님 앞에서 ○○교회 목회자로 한라와 백두 세계 열방을 섬길 수 있는 은혜와 축복을 담고 돌아올 수 있도록 기도해 주세요. 오늘 하루도 하나님 은혜로 가장 행복한 하루 보내세요. 사랑합니다. 축복합니다.~♥

✉ 2013년 09월 12일

조금은 비구름으로 덜 밝은 제주 아침이지만 그래도 세상은 어둠에서 빛으로 바뀌지요. 우리 인생이 혹 먹구름으로 인해서 많이 버거운가요. 그렇다면 하나님께서 우리를 살리기 위해 독생자들을 십자가 죽이시기까지 우리를 택하시고 사랑하셨음을 기억하세요. 우리 구원을 이루시기 위해서 아들을 희생하신 그 사랑을 기억하세요. 이 아침에 아버지 하나님 사랑에 감사와 감격을 누리고 계시나요. 믿는 자의 시작은 결코 우리를 포기하지 않는 하나님 사랑에서 시작합니다. 힘내세요. 하나님이 함께하십니다. 사랑합니다. 축복합니다.^^

✉ 2013년 09월 13일

여름이 지났다고 생각했는데 여전히 흘러내리는 땀방울과 뜨거운 햇살에 견디다 못해 지금 머리를 자르러 미용실에 왔습니다. 그런데 옆에 산방산 쪽 주지 스님이 오셨네요. 이야기하다 보니 괜히 웃음이 나네요. 무얼 자르러 오셨을까.^^ 같은 종교계니 기다리는 동안 대화나 나눠 볼까요.^^

✉ 2013년 09월 19일

하늘 문을 두드리고 예배당을 나서는 목자를 격려하려는 듯 아버지 하나님 시원한 새벽 가을바람 불어 주시네. 하나님께 엎드려 기도하다 흘러내린 땀방울을 시원하게 닦아 주시는 하나님 아버지의 손길에 잠시 밝아 오는 바다 끝을 바라봅니다. 농사도 장사도 할 수 없지만 하나님 택한 존귀한 성도를 위해서 목자들의 흘리는 눈물과 땀방울들, 이 새벽하늘 가득 기도 향기 되어 하늘 아버지께 올라감을 봅니다. 힘내세요. 눈에 보이진 않아도 손에 잡히지 않아도 우리가 드리는 믿음의 헌신과 애씀을 아버지는 아시죠. 반드시 예비하신 은혜와 축복을 주실 겁니다. 추석 명절 넉넉한 사랑과 믿음으로 조금 더 섬겨 볼까요. 하나님은 삼십 배, 육십 배, 백 배로 갚아 주실 거예요. 사랑합니다. 축복합니다.~♥

✉ 2013년 09월 23일

공항에서 아침을 시작합니다. 많은 사람이 도착하고 떠나고 하느라 분주합니다. 수많은 사람의 사연을 알 수는 없지만 맞이하는 사람들, 배웅하는 사람들의 표정 속에서 그들이 어떤 사람인지 어렴풋이 짐작할 수가 있네요. 잠시 마지막 날 이 땅을 떠날 때 저를 배웅하는 사람들의 표정이 어떨까 상상해 봅니다. 목회자로 열심히 살아 감동과 도전을 주기도 했겠지만 성숙하지 못한 언행으로 상처도 오해도 줬겠지 하는 생각에 후회도 아쉬움도 많이 느껴지네요. 하지만 아쉬움을 지나 감사의 미소를 짓게 하는 이유는 저의 모든 허물을 예수 그리스도께서 깨끗하게 하시고 천국에 도달하는 날 하나님 아버지께서 친히 안아 품어 주시며 "사랑한다, 내 아들아." 불러 주시리라는 은혜 때문이죠. 후회하기는 주님 보혈의 은혜가 빛을 잃게 되죠. 우리 오늘도 오직 하나님 은혜만을 의지하며 믿음으로 승리하시길 하나님께 올려 드릴게요. 사랑합니다. 축복합니다.

✉ 2013년 09월 28일

한 주간 모든 삶의 시간 종결되고 새로운 부활의 삶, 축복과 은혜의 삶이 시작됩니다. 이 밤 어둠이 내일 아침이면 밝아 오듯 다시 믿음으로 시작하는 주일 보내시길.♡

✉ 2013년 09월 29일

오늘도 예수 그리스도를 믿음으로 하나님께 예배를 드리는 권사님에게 하나님의 은혜와 축복이 열리게 될 줄 믿으며 축복합니다. 사랑합니다.^^

✉ 2013년 10월 03일

(*^-^)♡(^o^*)

집사님이 있기에 세상도 저도 행복하답니다. 10월 행복과 기쁨으로 가득하세요.♡

✉ 2013년 10월 06일

주일 예배 감사로 드리셨죠. 오늘도 강단 위에서 하나님 주권으로 선포하신 말씀으로 죄 사함과 복을 받으시길 예수 그리스도의 이름으로 선포합니다. 믿음의 순종으로 받은 말씀을 통해서 삶의 홍해가 갈라지며 인생의 전쟁을 치르는 사건들이 승리하길 하나님께 올려 드리겠습니다. 사랑합니다. 축복합니다.♡ 파이팅.^^

✉ 2013년 10월 07일

끝없이 밀려오는 하얀 파도가 까만 바위섬을 덮어 버리려 하네요. 태풍의 힘일까요. 아직 보이지도 않는데 서귀포 바다는 넘실대는 파도에 모든 배가 항구에 묶여 버렸네요. 그래도 며칠이 지나면 언제 그랬냐는 듯이 잔잔해지겠죠. 인생의 풍랑도 우리 삶의 모든 것을 삼켜 버릴 듯이 밀려올 때가 있지요. 그때마다 두려움과 염려, 걱정의 파도들은 끝없이 우리 마음을 요동치게 하겠죠. 하지만 우리 믿음의 사람들은 믿는 게 있지요. 거친 풍랑을 향해 선포하시는 주님의 음성을 듣고 잔잔케 된 바다처럼 우리가 믿음으로 선포하고 나아가면 자연과 사람을 다스리시는 하나님께서 우리의 삶의 풍랑을 잔잔케 하시고 쉴 만한 안전한 항구로 인도하신다는 것을.^^

힘내세요. 주님이 불과 구름 기둥으로 우리와 함께하십니다.

두려워 마시고 담대하게 승리의 길로 나아가세요. 하나님께서 그리고 제가 기도로 돕겠습니다. 사랑합니다. 축복합니다.~♡

🖂 2013년 10월 09일

너의 하나님 여호와가 너의 가운데 계시니 그는 구원을 베푸실 전능자이시라. 그가 너로 말미암아 기쁨을 이기지 못하시며 너를 잠잠히 사랑하시며 너로 말미암아 즐거이 부르며 기뻐하시리라 하리라(습 3:17).

하나님 은혜로 태풍이 지나갔습니다. 우리는 아무것도 할 수 없었지만 하나님 아버지는 우리를 보호하셨습니다. 우리가 어쩔 수 없는 삶의 태풍도 하나님 아버지가 보호해 주실 겁니다. 왜냐하면 하나님 아버지가 우리를 기뻐하시고 사랑하시기 때문입니다. 부족하지만 저도 사랑합니다. 오늘도 기도로 올려드리겠습니다.

성경 말씀

습 3:17 너의 하나님 여호와가 너의 가운데에 계시니 그는 구원을 베푸실 전능자이시라. 그가 너로 말미암아 기쁨을 이기지 못하시며 너를 잠잠히 사랑하시며 너로 말미암아 즐거이 부르며 기뻐하시리라 하리라.

해설

극렬한 심판은 모든 사람에게 공의롭게 내릴 것이나 그들을 완벽히 제거하기 위함은 아니다. 그것은 열방을 정결하게 하고 남아 있는 하나님의 의로운 백성을 존속하게 하기 위함이다. 그리고 선지자는 오직 여호와께서 이루신 이 은혜 안에서 기뻐하라고 권한다.

🖂 2013년 10월 12일

밤이 깊어 갑니다. 하나님 은혜도 더 깊어 갑니다. 밤새도록 쌓여서 주일 예배 넘치는 은혜 내려 주시길….

🖂 2013년 10월 18일

-+☆Happy Day☆*

㉠ㅣ분 좋은 ♬금요일 ☆기쁘게~♪ 행복하게 보내세요. 기도 세게 올려 드렸죠.

🖂 2013년 11월 08일

제주도가 아닌 필리핀에서 태풍 하이엔을 만났습니다. 한국과는 다른 허름한 리조트에서 태풍의 위력을 실감하는 밤이었습니다. 다음 날 무사히 선교 일정을 마치고 돌아가는 은혜에 감사하며 짐을 챙겼습니다. 하지만 아침에 필리핀 방송을 통해서 전쟁터보다 더 심한 참혹한 광경을 보았습니다. 한국행 비행기가 결항이 되지 않기를 기도하는 그 시간에 수천 명의 사람이 죽고 수백만 명이 집과 터전을 잃어버린 참혹한 현장을 보았습니다. 그리고 그 희생자들이 며칠 전 보았던 빈민 지역의 아이들과 노인들이었음을…. 그때 눈물로 회개하며 기도했습니다. 거창한 비전이 아니라 쓰레기 더미에서 태풍을 만난 아이들과 노약자들이 피할 교회를 짓게 해 달라구요. 그렇게 해서 필리핀 빈민 지역에 교회를 짓고 1주년이 되었습니다. 수만, 수천 명을 구하지는 못했지만 태풍마다 몇 가정이 대피하는 피난처가 되었습니다. 교회만 지었지 선교비도 후원도 제대로 하지 못했지만 하나님은 그곳에 은혜를 주셨습니다.

🖂 2013년 11월 12일

오늘은 하나님이 우리를 위해서 정하신 복된 날입니다. 믿고 경배하는 자에게만 복되는 날이 됨을 아시죠.

🖂 2013년 11월 12일

제주 하늘 잿빛 때문인지 마음에 무거움이 더하네요. 아무리 분주히 사역을 해 보지만 마음이 쉽게 가벼워지지 않네요. 이유를 가만히 생각해 보니 지난 한 주간 필리핀 빈민 사역 가운데 해맑은 아이들의 눈빛 때문임을 알았습니다. 지난 사역 때 보이던 아이들이 왜 보이지 않는지를 이번 태풍 기간 현지에 있으면서 알게 되었습니다. 필리핀에 반복되는 수많은 태풍이 불 때마다 얼마나 많은 생명 꽃이 떨어졌는지…. 어제까지 사역하며 만났던 그곳 아이들과 임산부, 수많은 생명, 가난의 고통, 죽음의 고통을 겪는 그들이 자꾸만 기억나 아무것도 할 수 없는 저를 한없이 아프게 하네요. 왜 더 간절히 사랑하며 섬기지 못했는지, 왜 그동안 제주도와 우리나라의 태풍만을 위해서만 기도했는지 눈물로 회개를 해도 죄송하고 또 죄송하네요. 마음이 너무 힘들지만 십자가만을 바라봅니다. 하나님의 은혜만을 바라봅니다. 아무것도 할 수 없는 죄인이 그저 기도로 엎드립니다. 필리핀 빈민들과 이 세상에 고통받는 이들을 위해서, 이웃을 위해서 함께 기도해 주세요.

🖂 2013년 11월 23일

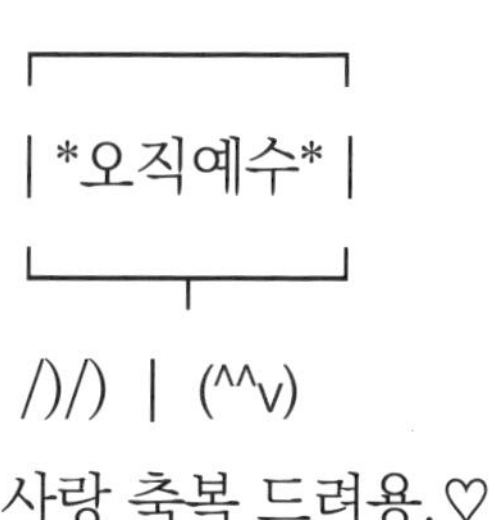

🖂 2013년 11월 29일

세찬 겨울바람이 온몸을 움츠러들게 하네요. 조심스레 계단 하나하나 디디며 하나님께 마음을 모으며 나갑니다. 차갑게 느껴지는 예배당 의자에 마음을 앉히고 두 손을 품에 모아 봅니다. 하나님의 양들을 제게 맡겨 주신 아버지의 뜻을 따라 존귀한 주의 자녀들을 보호하시고 은혜를 베풀어 주시어 오늘 믿음을 지키며 선한 열매를 가득 맺어 하나님의 기쁨이 되는 하루가 되길 기도로 올려 드립니다. 사랑합니다. 축복합니다.^^

🖂 2013년 11월 30일

병상에서 2년하고도 4개월을 단 한마디도 듣지 못하는 목사가 힘들까요? 그 긴 시간을 아내에게도 자녀에게도 말하지 못하는 장로님이 힘들까요? 그래서 오늘도 갑니다. 그 한 분을 통해 세우신 늘봄재활병원교회로 갑니다. 그저 감사할 뿐이죠. 걸을 수 있고 말씀도 찬양도 기도도 할 수 있음에. 하나님 한 분만 예배를 드리고 하나님 치유의 능력이 임하는 예배가 되도록 기도해 주세요. 사랑합니다. 축복합니다.~^^

✉ 2013년 12월 05일

사랑하고 축복하는 존귀한 권사님 기도 부탁드립니다. 뇌 질환으로 장기간 병상에 누워 계신 양○○ 장로님 물리 치료 운동 중 무리가 되셨는지 제주대학병원으로 응급 치료를 받으러 가셨습니다. 한마음으로 치유케 하시길 기도해 주세요.

✉ 2013년 12월 05일

부정맥으로 진단이 났습니다. 원인을 찾기 위해서 검사에 들어갈 겁니다. 하나님 은혜로 원인을 찾고 하나님의 완전한 치유가 임하도록 기도해 주세요.

✉ 2013년 12월 05일

하나님 은혜와 모든 분이 기도해 주셔서 검사 결과 뇌와 다른 신체는 큰 문제가 없다고 합니다. 다만 심장이 정상적 기능이 되지 않아 지켜보는 단계에 있습니다. 심장 기능이 정상화될 수 있도록 지속적으로 기도해 주시기 바랍니다.

✉ 2013년 12월 06일

사랑합니다. 축복합니다. 권사님, 양○○ 장로님께서 어제 물리 치료를 받던 중 심장 쇼크 이후로 심장이 많이 약해지셨습니다. 오직 하나님의 도우심이 아니면 안 되는 상황이 되고 있습니다. 간절히 심장이 회복되도록 기도 부탁드립니다. 기도와 사랑의 빚, 잊지 않겠습니다.

✉ 2013년 12월 07일

하나님 영광을 위해서 ○○교회에 죽도록 충성하신 양○○ 장로님께서 12월 7일 0시 27분 하나님의 부르심을 받았습니다. 그동안 진심으로 기도해 주셔서 감사드립니다. 모든 장례 절차가 하나님 영광과 모든 분에게 아름답고 행복한 예식이 되도록 기도 부탁드립니다. 장례는 오늘 오전 11시 교회에서 입관 예식을 드리고 주일날을 일포로 정했습니다. 일포 장소는 화순 마을 회관이며 발인은 월요일 아침 8시 ○○교회에서 드리고 양지공원에서 화장함으로써 장례 예식을 마치고자 합니다. 모든 예식을 은혜롭게 마칠 수 있도록 기도해 주세요.

✉ 2013년 12월 07일

목사님! 그동안 수고 많으셨어요. 장로님께서도 고마워하실 거예요. 기도드리겠습니다.

✉ 2013년 12월 10일

소중한 성도를 천국으로 보낸 후 아침은 어떨까 생각했습니다. 모든 게 감사한 아침이었습니다. 첫 번째는 천국 성도로 영접해 주신 은혜, 두 번째는 제주에서 하나님 나라와 영광을 위해서 저와 함께할 믿음의 동역자 권사님이 계심입니다. 감사합니다. 고맙습니다. 사랑합니다. 축복합니다.

✉ 2013년 12월 13일

노랗게 하늘을 물들였던 은행잎이 추운 겨울바람을 피해 땅으로 내려왔다가 아예 땅속으로 숨어 버렸네요. 겨울 아침 많이 춥죠? 저절로 따뜻한 이불 속으로 몸을 숨겨 버리게 되는 아침이네요. 며칠 동안 소중한 사람을 하나님께 보내 드리고 마음도 몸도 많이 추웠습니다. 하지만 봄이면 다시 피는 새싹을 기대하듯 믿음의 길을 달려갑니다. 후에 하나님 아버지 앞에서 잠시 이별한 소중한 사람들과 영광스러운 만남을 기대하며 오늘 하루도 생명 복음을 선포하며 시작합니다. 사랑합니다. 축복합니다.

✉ 2013년 12월 21일

차가운 세찬 바람도, 메마른 대지도 돋아나는 겨울 생명 막지 못하듯 우리를 향한 하나님 사랑 꽃피우리.

✉ 2013년 12월 21일

하늘에 영광을, 땅에 평화를 이루시기 위해서 주님이 이 땅에 오신 성탄은 모든 사람에게 주신 선물이지만 그 선물은 믿음이 없이는 받을 수 없죠. 죄로 인해서 죽을 수밖에 없는 우리를 예수 그리스도께서 죽음의 어둠을 깨뜨리고 부활하사 새 생명을 주시기 위해 주일마다 예배로 찾아오시지만 믿음이 없이는 결코 새 생명의 기쁨도 자유도 누릴 수 없지요. 내일 또 주님의 날 우리를 찾아오사 부르시는 날 믿음으로 하늘의 영광과 이 땅에 평화도 누리는 참된 예배자가 되는 은혜의 축복이 이루어지길 소망합니다. 사랑합니다. 축복합니다.

✉ 2013년 12월 24일

오랜 세월을 하늘의 징조를 보며 달려온 사람 동방 박사들, 평생 추위와 더위 그리고 양 떼를 지키기 위해서 목숨을 다하며 천직인 목동의 삶을 살아온 목자들, 이들이 하나님 영광과 평화를 이루실 아기 예수의 탄생을 볼 줄 아무도 몰랐지요. 오직 하나님 은혜뿐임을….

성탄을 사모하며 하루를 엽니다. 오늘도 오직 하나님 은혜만이 우리 위에 임하사 하루하루 은혜를 누리다 마지막 날 영광의 주님 품에 안기어 영원한 평화를 누리길 소망합니다. 사랑합니다. 축복합니다, 권사님!!

✉ 2013년 12월 28일

하얀 눈도 밤하늘에선 빛을 잃었네. 가로등 불빛 아래서야 하얀빛을 찾았네. 우리 모두 인생의 지친 삶을 살다 보면 하나님의 빛을 잃어 가는 듯 보이지만 하나님의 부르심으로 예배로 우리를 온전히 드릴 때 성령의 말씀이 우리를 에워싼 염려, 걱정, 두려움의 때를 태우고 보석처럼 빛나게 하시네. 그날이 옵니다. 다시 보석처럼 빛나는 우리가 되길 소망해 봅니다. 사랑합니다. 축복합니다.

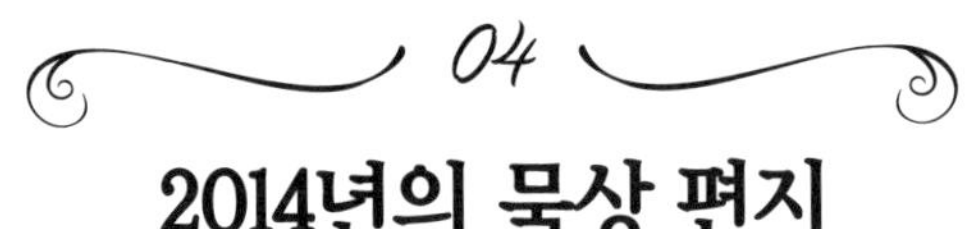

2014년의 묵상 편지

🖂 2014년 01월 11일

아무도 없는 예배당에서 하나님을 독대할 수 있음이 얼마나 큰 행복인지 모르는 사람이 너무 많죠. 하나님 만나게 하신 소중한 권사님을 기도로 올려 드릴 때 누리는 그 기쁨을 모르는 사람이 너무 많죠. 오늘도 한 주간을 마치고 새롭게 시작하는 권사님, 존귀한 권사님을 위해서 주의 날 생사화복을 주관하시는 하나님께서 하나님 영적 제단 앞에 나아가는 권사님 위에 성령님 갑절의 기름 부으심을 부어 주실 것과 섬기는 교회와 가족 위에 은혜와 축복의 새날을 행하시길 원하시는 하나님의 뜻이 이루어지길 기도로 올려 드리겠습니다. 사랑합니다. 축복합니다, 권사님!!

🖂 2014년 03월 11일

새벽 달빛이 너무나 아름다워 잠시 들여다보았습니다. 항상 변하는 듯하나 늘 제 모습으로 돌아와서 환한 미소로 채워 주는 달이 참 소중한 존재임을 깨닫게 됩니다. 하나님과 저에게 권사님은 그런 존재입니다. 목양실은 손이 시려서 다시 집에 들어와 말씀을 펼쳐 봅니다. 주님으로부터 부어지는 생명수가 강같이 흘러넘치길 기대합니다. 오늘 하루도 누구보다 행복하셔야 합니다. 사랑합니다. 축복합니다.^^

🖂 2014년 03월 11일

하나님 앞에 엎드릴 때 우리 연약함과 허물을 더 분명하게 깨닫게 하시는 은혜를 누리는 아침입니다. 문제를 당할 때마다 우리 마음의 환경이나 상황 탓이라고, 사람 때문이라고, 나 때문이라고 끊임없이 들려주는 사탄의 유혹을 이기고 오늘 아침에도 내 안에 하나님께서 부으시는 성령님의 임재와 오직 모든 것을 이기시는 예수 그리스도 이름을 믿는 신실한 믿음이 승리임을 누리는 은혜와 구원이 날이 되길 기도합니다. 사랑합니다. 축복합니다.

🖂 2014년 02월 11일

어느덧 2월 가족 공동체 예배를 드리며 3월 앞에 서게 하셨습니다. 지금까지 살아오게 하신 은혜, 11년 동안 제주를 섬기게 하신 은혜, ○○교회를 섬기게 하신 은혜 그리고 한라에서 백두 세계 열방까지 복음으로 하나님 나라 만드는 교회가 되게 하시기 위해 한 알의 밀알로 썩어지게 하시는 은혜는 무엇으로 말할 수 없는 놀라운 하나님 은혜입니다. 이제 77년 교회

역사 속에 복음 사명자의 교회로 거듭나기 위해서 내일부터 목요일까지 필리핀 세계 최대 빈민 지역 중 하나인 무덤마을에 교회를 건축 완공하여 입당 예배를 드리러 갑니다. 또한 스모키마운틴 빈민 구제 사역을 섬기고 오고자 합니다. 사랑하고 존경하는 권사님을 품고 가고자 합니다. 기도해 주세요.

✉ 2014년 05월 15일

감사합니다. 사랑합니다. 축복합니다. 권사님, 보고 싶습니다. 곧 함께하는 특별한 사역을 소망해 봅니다. 행복한 밤이 되도록 기도로 하나님께 올려 드리겠습니다.

✉ 2014년 02월 27일

2박 4일 필리핀 빈민 사역과 ○○교회, 필리핀 헌납교회, 주찬양교회 건축 사역을 하고 왔습니다. 하나님 보시기에 ○○교회의 자랑이 아니라 오직 하나님만을 예배하고 영혼을 구하며 빈민들의 피난처가 되길 소망합니다. 기도로 사랑으로 함께해 주셔서 감사합니다. 권사님 아시죠? 하나님과 제가 많이 사랑하는 거.^^ 축복합니다.~♡

🖂 2014년 03월 11일

새벽하늘 가득 눈부시게 빛나는 별빛, 하나님 이루실 약속으로 빛나네요. 태초부터 지금까지 하나님 말씀으로 창조된 후에 항상 그 자리에 있듯 우리를 향한 하나님의 구원과 자녀의 축복이 언약 그대로이지요. 새벽 올려 드린 기도 제목마다 별빛으로 응답해지리라 믿습니다. 하나님 아들 예수 그리스도가 우리를 위해 주신 아버지 사랑보다 확실한 증거는 없지요. 믿어 보세요. 하나님 반드시 구원을 베푸시고 은혜를 내려 주실 겁니다. 잔디 마당 위로 별빛에 보석처럼, 빛나는 하얀 서리처럼 하나님의 축복과 영광이 우리 위에 가득 빛나게 될 것입니다. 사랑합니다. 축복합니다. 파이팅!!

🖂 2014년 04월 03일

🖂 2014년 05월 04일

요즘 모든 사람이 탄식하며 절망합니다. 세월호 아픔으로 정부도 어른들도 아무런 도움도 희망도 주지 못한 아픔에 대한 원망과 자책의 고통으로 온 나라가 멍들고 마음도 멍든 고통스럽고 힘든 날들입니다. 감히 개인이 겪는 어마어마한 고통을 말할 수조차 없는 무거운 날들입니다. 이때 우리에게 희망과 용기를 줄 수 있으며 모든 고통의 문제를 해결할 분이 누구일까 기도해 봅니다. 2천 년 전 나라를 잃고 가난과 고통, 슬픔과 절망이 가득한 이스라엘 백성들이 목 놓아 외쳤던 소리가 있습니다. 바로 호산나였습니다. "우리가 하나님께 구하오니 우리를 구원하소서."라구요. 오늘 우리 모두 개인의 문제든 나라의 문제든 하나님의 아들 예수 그리스도만이 구원자임을 믿으며 예배를 드리며 나아가길 소망합니다. 하나님은 반드시 도우시며 은혜를 내려 주시리라 믿습니다. 권사님 사랑합니다. 축복합니다.

🖂 2014년 05월 15일

어둠을 밝혀 주는 찬란한 태양 빛이 하늘 가득 덮은 회색 구름 사이로 환한 미소로 인사합니다. 많은 삶의 문제로 지쳐 잠들었던 우리에게 어둠을 밀어내듯 하나님의 환한 생명 빛이 우리 삶의 어둠을 밀어내고 기쁨과 소망으로 채우시리라 약속합니다. 오늘 아침 세상 그 무엇과도 비교할 수 없는 귤꽃 향으로 행복합니다. 황금 귤이 온 밭 가득하기 전 귤꽃 향내로 먼저 시작합니다. 우리 하루도 하나님의 놀라운 은혜와 축복이 가득하길 소망하며 예수 그리스도의 사랑과 섬김의 향기가 가정과 교회에서 흘러넘치길 소망합니다. 사랑합니다. 축복합니다. 행복한 하루 보내세요.~♡

✉ 2014년 05월 29일

어느새 햇살도 공기도 옷을 벗게 만드는 여름 날씨가 되었습니다. 많이 덥죠? 힘을 내어 보지만 사는 것도 쉽지 않지요. 같이 땀을 흘리고 웃고 눈물 흘리며 함께하고 싶은데 그러지 못해서 죄송합니다. 하나님께 더 많이 사랑과 축복의 은혜를 내려 달라고 기도로 엎드립니다. 힘내세요. 하나님은 반드시 자녀를 외면치 않고 환난 날에 살피시고 지키시고 인도하사 하나님 약속의 땅에 인도하실 겁니다. 그 은혜의 약속의 날 이룰 때까지 함께하겠습니다. 믿으시죠? 여호와 이레, 여호와 닛시, 여호와 샬롬의 기적을.^^ 사랑합니다. 축복합니다.♡

✉ 2014년 05월 30일

17 너는 귀를 기울여 지혜 있는 자의 말씀을 들으며 내 지식에 마음을 둘지어다.

18 이것을 네 속에 보존하며 네 입술 위에 함께 있게 함이 아름다우니라(잠 22:17~18).

하나님의 마음에 기쁨을 드리는 자와 하나님께서 아름답게 보는 자는 누구일까요? 바로 하나님 말씀을 듣고 그 말씀을 마음에 두고 주야로 묵상하여 보전하고 입술로 선포하는 자입니다. 오늘 하나님의 아름다운 사람이 되는 복을 함께 누려 볼까요.^^ 사랑합니다. 축복합니다. 여호와 샬롬, 여호와 닛시.~~~♡

성경 말씀

잠 22:17 너는 귀를 기울여 지혜 있는 자의 말씀을 들으며 내 지식에 마음을 둘지어다.
잠 22:18 이것을 네 속에 보존하며 네 입술 위에 함께 있게 함이 아름다우니라.

해설

'지혜로운 사람들의 잠언'의 서른 가지를 모아 놓은 부분으로 솔로몬의 생전 또는 사후에 편집된 것으로 추정된다. 이 부분의 구조상 특징은 한 구절이 하나의 완전한 잠언을 이루고 있는 솔로몬의 제2 잠언집과는 달리 대개 두 구절~세 구절이 합쳐져 하나의 잠언을 이루고 있다. 그리고 내용상으로는 '~하지 말라'는 등의 경고 또는 명령이 많으며 동시에 그 이유를 설명하고 있다.

🖂 2014년 06월 19일

울며 씨를 뿌리러 나가는 자는 기쁨으로 거두리로다.
★시 126:5 말씀★ 은혜로운 하루 보내시길….

성경 말씀

시 126:5 울며 씨를 뿌리러 나가는 자는 기쁨으로 거두리로다.

해설

익명의 시인은 전능하신 하나님이 이스라엘 민족을 포로 생활에서 해방시켜 예루살렘으로 귀환시킨 사실을 찬양하고 있다.

🖂 2014년 06월 25일

사랑합니다. 축복합니다, 권사님. 세계가 찾는 아름다운 제주가 변하지 않는 하나님이 만드신 창조 자연의 축복이라면 권사님은 하나님 마음을 기쁘시게 하는 다윗처럼 아름답게 빛나는 하나님의 사람이시죠! 권사님은 제게도 기쁨이며 축복이세요. 오늘 오후도 가장 행복한 오후 보내세요.~♡

🖂 2014년 07월 02일

조금 늦었지만 제주 하늘은 장맛비로 가물어 메마른 땅을 촉촉하게 적셔 주네요. 보이지 않던 생명의 싹들과 메말라 가던

초목들과 과수들이 곧 초록 생명 빛으로 바뀌고 들판 가득 풍성한 곡식을 맺겠지요. 오늘 성령의 단비도 함께 내려 힘들고 고단한 삶과 마음에 다시 주님 주신 열정으로 가득 찬 심령의 옥토가 되어 하나님의 축복 가득 맺히길 진심으로 기도로 하나님께 올려 드리겠습니다. 빗길 조심하시구요. 제가 영의 기도와 마음으로 함께하겠습니다. 파이팅입니다. 사랑합니다. 축복합니다, 권사님.^^

🖂 2014년 07월 25일

흐린 날씨가 맘을 우울하게 할까 봐 축복의 마음을 보냅니다.
(=*^__^*=)
행복한 저녁 보내세요.^^

🖂 2014년 07월 28일

삼계탕! 보신탕!
이제 질리셨죠?
◉■■■▶장어
◉■■■▶구이
늦었지만 맛있게 드세요.

2014년 07월 31일

하루 종일 엉덩이와 종아리 그리고 손가락까지 가려움에 하루에 몇 번씩 손이 갑니다. 새벽 재단 앞에서 보혈을 사모하는 저에게 모기들이 기름 부음 받기를 간절히 사모하며 말씀을 선포하는 짧은 시간에도, 엎드려 자복하며 간절히 기도하는 순간에도 목사의 피를 마음껏 수혈해 갔네요. 많이 무더워 지치는 하루였지만 우리 안에 흐르는 주님 보혈의 은혜와 성령 말씀의 생기로 흘러내리는 땀을 다시 예수님의 생명수로 채웁니다. 세상에서 빛이 되어 어둠을 물리친다는 것과 내 안에 두려움, 염려, 미움, 탐욕, 무기력함을 물리친다는 것은 쉽지 않지만 오직 예수의 피로 씻음을 선포하며 그 능력과 영광의 이름으로 선포하며 힘을 내기를 소망하며 축복합니다. 사랑합니다, 권사님.^^

🖂 2014년 08월 08일

~~♡~~~~♡~~♡~

~♡~~♡~~♡~~♡

~~♡~~♡~~~♡~~

떠나요~ 사랑 축복 넘치는 믿음 바다로~

✉ 2014년 08월 12일

교통사고를 세 글자로 줄이면
붕~~~=3
어~~~???
빵~~~!!!
웃는 게
최고 피서죠.♡

✉ 2014년 08월 17일

●……——☆.
성도는 실패했을 때 끝나는 게 아니라,
비전을 잃을 때 끝이죠! 축복해용….●

✉ 2014년 08월 17일

光, 빛 광, 빛, 어둠을 물리치는 빛
復, 회복할 복, 다시 부
광복절, 1945년 8월 15일은 제2차 세계 대전에서 일본 황제가 항복 문서에 사인을 함으로써 일제의 처절하고 악랄한 핍박과 죽음의 절망 같은 36년의 고통에서 자유를 주신 날이죠. 우리 민족의 힘으로 할 수 없는 것을 하나님의 주권을 통하여 이루신 축복의 날입니다. 오늘은 욕심으로 인한 죄로 우리를 끊임없이 저주와 분노와 미움의 고통 속에 갇혀 있게 한 어둠과 사망의 권세를 영원히 이기게 하시고 참된 자유를 주신 날, 은혜의 날, 자유의 날, 주님의 날입니다. 신령(하나님의 영으로)과 진정(진심)으로 예배로 나아가 하나님의 빛의 자녀로 영광과 사랑과 축복을 누리시길 기도합니다. 사랑합니다. 축복합니다.

✉ 2014년 09월 19일

오늘 새벽 까만 귤밭 속에서 초록 불빛을 한참 바라보았습니다. 귤잎 사이로 이리저리 무언가 찾고 있는 불빛을 가만히 다가가 보았습니다. 그 불빛의 주인공은 이맘때 나타나는 반딧불이었습니다. 하루 종일 까마득하게 잊고 있었는데 저녁 어둠을 밝혀 주는 가로등 불빛에 반짝이는 빗방울을 보니 다시 기억이 납니다. 가끔 우리는 하나님 주신 너무 귀한 것을 잊고 살고 있음을 자연을 통해 깨닫게 됩니다. 공기, 물, 봄, 여름, 가을, 겨울, 가족 그리고 하나님의 사랑….

삶에 지쳐 믿음의 열정도 소망도 어둠에 묻혀 갈 때 잊지 마세요. 하나님이 권사님을 위해서 아들을 십자가에 달리게 하시고 그 사랑이 권사님을 통하여 세상을 위로하시며 구원하시기를 원하심을.^^ 그리고 권사님을 지키시고 복 주시기 위해서 하나님께서 지금도 일하고 계심을…. 또한 저의 작은 사랑과 기도도 함께함을.^^ 힘내시구요. 사랑합니다. 축복합니다, 권사님.~♡

🖂 2014년 09월 24일

오늘 새벽도 하나님 앞으로 나아가기 위해서 새벽 재단 향해 비바람을 안고 계단을 올라갑니다. 한 계단, 한 계단 늘 오르는 계단이지만 늘 죄인을 온전케 하시는 주님의 사랑을 깨닫게 하는 붉게 빛나는 십자가를 바라보며 올라갑니다. 오늘따라 빗방울이 붉은 십자가 위에 빗물이 아니라 십자가에서 우리 죄와 허물을 위해서 흘리신 주님의 보혈이 되어 붉은빛을 내며 흘러내립니다. 간절히 십자가 앞에 엎드려 기도합니다. 하나님!! 나라의 영광과 아버지의 뜻을 이 땅에 이루는 우리가 되게 해 달라 기도로 하나님께 올려 드립니다. 힘내세요, 권사님. 주님 뜻을 순종하며 가시는 길에 제가 작은 기도로 돕겠습니다. 사랑합니다. 축복합니다, 권사님.^^♡

🖂 2014년 09월 25일

사랑합니다. 축복합니다.

○○교회의 역사이시며 저의 소중한 믿음의 동역자이신 송○○ 장로님 올해 94세 장수를 누리시다 이제 하나님의 부르심 앞에 계십니다. 마지막 숨결을 거두실 때까지 하나님 은혜로 평안하게 하나님 품에 안겨 영광의 나라에 들어가시도록 기도해 주세요.^^♡

✉ 2014년 11월 07일

제주에 발만 디뎌도 행복해집니다. 제주 가을 하늘을 바라만 보아도 마음이 풍성해집니다. 온 세상에서 제주 사람과 만날 때마다 세상을 사랑하고 세계를 품을 수 있는 선교 열정을 배웁니다. 하나님이 주신 복음 사명을 행함이 지극히 당연함에도 오히려 하나님 은혜와 ○○교회의 헌신적인 동역으로 잠시 필리핀 빈민 지역인 무덤마을 까비테 지역에 ○○교회, 세계 선교 첫 번째 교회, 주찬양교회 건축 완공 헌당 예배를 드릴 수 있는 은혜를 누리고 왔습니다. 언제부터인지 교회가 건물이 되고 예배 시간을 담당하는 장소가 되고 있을 때, 태풍 앞에 휩쓸려 사라지는 빈민 아이들과 노약자들에게 생명의 방주가 되고 가난에 찌들어 꿈을 잃은 청년에게는 말씀을 배움으로써 민족과 나라를 하나님 복음의 권능으로 변화시킬 수 있는 비전을 배우는 학교가 되고, 변하지 않는 삶의 절망 앞에 자녀들을 위해 눈물로 통곡하는 제단이 되었습니다. 이제 더욱 깨닫게 됩니다. 예수 그리스도께서 죽음을 마다하지 않고 세우신 교회를 사랑하신 소중한 의미를…. 어릴 때 저에게도 그런 교회가 있었기에 지금 하나님의 축복의 땅에서 목회를 할 수 있음을…. 하나님을 사랑합니다. 제주교회와 ○○교회를 사랑합니다. 한라에서 백두 세계 열방까지 복음으로 하나님 나라를 선포하며 나아가길 간절히 소망합니다. 관심과 기도와 사랑으로 함께해 주셔서 감사합니다. 사랑합니다. 축복합니다. 권사님.^^♡

✉ 2014년 11월 19일

차가운 밤공기가 조금은 지친 몸을 바짝 깨워 주네요. 늦은 밤이지만 예수 그리스도의 이름으로 평안한 밤을 보내시길 축복합니다. 그리고 중보 기도 부탁합니다. 하나님 은혜와 기름 부으심으로 복음과 말씀을 선포하는 특별한 은혜를 누렸습니다. 하지만 청년 사역부터 25년 동안 과도하게 사용했나 봅니다. 성대에 혹이 오랫동안 있었는데 이제 수술을 받아야 하도록 인도하시네요. 내일 서울에서 진료와 수술 일정을 정하게 됩니다. 기도해 주세요. 그리고 교회에 80세가 넘은 할머니가 계시는데 할머니 집을 무당집이라고 알게 된 후에 새벽 1시에서 3시 사이에 남자 무당과 여자 무당이 번갈아 온다고 합니다. 집을 옮겨도 똑같은 고통을 당하기에 오늘 할머니 집에서 함께 자려 합니다. 악한 영에 눌린 한 영혼을 자유롭게 하도록 기도해 주세요. 하나님의 선한 믿음의 동역자로 함께해 주셔서 감사합니다. 사랑합니다. 축복합니다. 평안한 밤 보내세요.^^♡

✉ 2014년 11월 25일

까만 하늘 가로등 불빛에 빛이 쏟아 내립니다. 빛이 있기에 빗방울이 어둠 속에 사라지지 않고 보석처럼 빛나네요. 저 빛처럼, 잠시 홀로 겪는 것처럼 고난의 어둠 속에서 외롭고 지친 하나님의 자녀에게 변함없이 하나님의 보석이라 말하는 듯하네요. 하나님이 기뻐하시는 선한 열매를 맺기 위하여 온 맘과 정성을 다해 헌신하시는 하나님의 동역자 권사님께 하나님 은혜와 예수 그리스도 대속의 사랑의 빛이 있기에 다시 하나님 구원과 능력의 빛을 더욱 크게 발하게 될 줄 믿습니다. 많이 지치는 시기입니다. 제가 많이 부족하지만 기도로 돕겠습니다. 힘내세요. 사랑합니다. 축복합니다, 권사님.^^♡

✉ 2014년 11월 29일

하나님 아버지의 사랑과 긍휼의 마음을 담아 남편을 먼저 보내는 아내, 그리고 든든한 아버지를 잃은 자녀를 위한 장례 준비 말씀과 오직 하나님께 거룩한 산 제물로 신령과 진정으로 예배로 나아가는 하나님의 자녀를 향한 아버지 하나님 마음을 담는 말씀을 간구하며 아버지를 부르며 하나님 품으로 나아갑니다. 종을 불쌍히 여기사 주의 영을 부어 주시길 소리 죽여 눈물로 엎드립니다. 그리고 깨닫습니다. 오직 예수 그리스도의 보혈만이 하나님 아버지의 긍휼과 은혜를 입을 수 있음을….

다시 내 속에서 나는 십자가 위에 죽고 주님만 이 나를 다스리고 역사해 주시길 온 맘 다해 간구합니다. 그리고 권사님을 위해 함께 간구합니다. 주님의 이름으로 사랑합니다. 축복합니다. 부활의 영광과 승리의 기쁨이 가득한 주일이 되실 줄 믿으며 기도로 하나님께 올려 드립니다. 평안한 밤 보내세요.^^♡

✉ 2014년 12월 01일

오늘 오랜 투병 끝에 하나님의 부르심을 받은 권사님의 장례를 끝내고 지금 서울로 왔습니다. 그리고 7년 전 ○○교회에 부임했을 때 8년간 ○○교회를 진심으로 섬기고 저랑 8개월 동역하다 고향으로 가신 정말 귀한 집사님 부부 계셨지요. 남자 집사님께서 심장 혈관 수술하신다기에 심방차 왔구요. 무엇보다 가장 중요한 만남을 위해서 왔습니다. 하나님이 한없이 부족한 저에게 한라에서 백두 세계 열방을 하나님께 드리고 싶은 열정을 주셨는데 하나님이 주신 마음에 세상에서 연약한 이들을 향한 선교로 장애인, 탈북자, 다문화 분들을 전도하기 위한 선교 센터와 보육원과 다음 세대 복음화를 위한 어린이 보육 시설과 제주 노인 선교를 위한 노인 요양원 목회자와 선교사님들의 건강을 위한 요양 병원을 세우기 위해 그 시작인 교회 주변 땅을 매입하기 위해서 땅 주인을 만나러 왔습니다. 돈은 없는데 여호수아와 갈렙의 마음처럼 너무나 행복한 마음으로 올라왔지요. 기도 부탁합니다. 권사님, 사랑하고 축복합니다. 여호와 샬롬! 여호와 이레!

✉ 2014년 12월 03일

홍○○ 집사님을 위해서 기도 중보 부탁드립니다. 심장 혈관 연결 수술로 방금 수술실로 들어갔습니다. 오직 하나님의 은혜뿐임을 믿습니다. 예수 그리스도의 이름으로 고쳐 주실 줄 믿습니다. 기도해 주세요. 사랑합니다. 축복합니다.

✉ 2014년 12월 04일

사랑합니다. 축복합니다. 권사님 짧은 시간에 세상 이야기가 아니라 우리 영혼과 믿음의 이야기를 나눌 수 있어서 너무 행복했습니다. 제주 까만 밤하늘에 비와 하얀 눈이 춤추듯 내리네요. 우리가 영과 육의 삶을 함께 살듯이…. 우리는 하나님 은혜로 구원뿐 아니라 모든 권세를 받은 축복의 자녀이죠. 믿는 대로 선포하는 대로 이루어지죠. 사람을 보면 실망하며 지치지만 하나님 마음으로 보면 불쌍한 영혼이 보이죠. 우린 영혼을 구원할 수도 도울 수도 없지만 용서함으로 사랑함으로 나아가면 하나님의 화평 풀밭에 거닐게 되죠. 부족하지만 더 많이 기도로 하나님께 올려 드리겠습니다. 이제 곧 제주에서 환하게 반겨 드릴게요. 사랑합니다. 축복합니다. 권사님 평안한 밤 보내세요.

✉ 2014년 12월 06일

하나님 말씀의 생기로 시작하는 행복한 아침♡ 찬송으로 나아가 아버지의 영광 앞에 서는 기쁨의 아침♡ 심령의 깊은 간절함으로 나아갈 때 아버지 품으로 안아 주시는 감동을 누리는 은혜의 아침♡ 집으로 가는 길 노란 은행나무 잎들이 미소지으며 길을 내어 주네요. 창조의 신선한 공기가 더없이 가슴

속 깊이 푸르게 채우네요. 우리 하나님 귤 향기에 천국의 향기까지 더해 주시네요. 모든 근심과 염려, 하나님의 말씀과 값없이 주신 자연의 선물로 새로운 하루를 엽니다. 감사합니다. 하나님께서 기도로 함께해 주셔서 심장 혈관 수술과 성대 수술이 잘되었구요. 하나님을 믿지 않는 땅 주인이 먼저 돈을 주겠다는 무당보다 하나님의 나라와 뜻을 소망하는 교회에 주고 싶고 그 소망이 이루어지면 좋겠다고 하는 은혜를 누렸습니다. 하나님 아버지 예수 그리스도의 이름을 믿는 우리를 존귀하게 하셨고 기도 동역자들의 기도를 들으셨습니다. 감사합니다. 사랑합니다. 축복합니다. 오늘 하루 가장 행복한 은혜의 날 보내시기를 기도로 하나님께 올립니다.

🖂 2014년 12월 10일

누구에게나 소중한 삶 그리고 가장 성숙하고 화려한 아름다운 중년…. 인생의 황금기를 오직 하나님의 영광과 나라 그리고 하나님의 뜻에 순종하며 목회 직분을 마치고 은퇴하신 여목사님 얼굴을 몰래 훔쳐봅니다. 생기와 열정 가득하게 빛난 얼굴은 어느새 주름과 검버섯으로 물들어 있네요. 당당하던 두 어깨는 어느새 굽어 있네요. 하지만 그 눈빛은 다윗이 하나님만으로 기뻐하던 아이의 눈빛처럼 여전히 맑게 빛나네요. 짧은 시간이지만 하나님의 마음으로 위로하며 행복하게 섬겨야겠습니다. 그리고 저 또한 오직 예수, 오직 교회, 하나님 마음에 합한 자가 되어 하나님께서 다윗을 통해 아버지의 뜻을 다 이루신 것처럼 하나님 축복의 땅 제주 한라에서 백두 세계 열방까지 복음으로 하나님 나라 만드는 목자의 길로 더욱 달려가야겠습니다. 기도해 주세요. 날마다 주님처럼 십자가에 죽고 이제 그 무엇보다 하나님을 뜻을 이루도록…. 사랑합니다. 축복합니다. 저의 소중한 지지자이며 동역자이신 권사님.^^♡

✉ 2014년 12월 27일

사랑합니다. 축복합니다. 권사님, 올해 달력이 며칠만 지나면 새 달력으로 바뀌네요. 한 해가 가기 전 하나님이 베푸신 많은 은혜를 감사하며 오직 한 분 하나님께만 감사와 찬양과 영광을 올려 드립니다. 그리고 그 감사 중에 권사님이 제 마음에 계신 거 아세요?^^ 권사님은 하나님의 보석입니다. 그리고 제게 너무나 소중한 사랑의 동역자이시구요. 한 해가 가기 전, 부산에 홀로 투병 중인 손○○ 성도를 꼭 보고 기도해 주고 싶어서 병원으로 왔습니다. 4년 동안 스스로 움직이지도 못하고 아무것도 하지 못하는 환자의 몸으로 몸도 마음도 얼마나 힘들었을까? 많이 미안하네요. 손○○도 그동안 찾아오지 않아 섭섭한 건지 아침부터 석션으로 힘든 건지 눈을 꼭 감고 있네요. 엄마 권사님 대신 잠시 얼굴을 어루만지고 안수 기도를 하며 하나님께 올려 드립니다. 함께 기도로 사랑해 주셔서 감사합니다. 사랑합니다. 축복합니다.^^♡

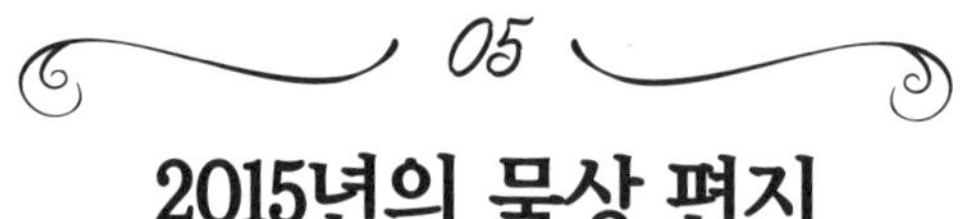

2015년의 묵상 편지

2015년 01월 09일

하나님을 누구보다 사랑하던 한 사람, 다메섹이란 도시의 길에서 예수님의 빛에 지성과 독선, 아집의 교만으로 바라보던 시력을 잃고 앞을 못 보게 되고 나서야 주님의 음성을 들었습니다. 그리고 죄인임을 깨닫게 되었고 철저히 회개하고 '큰 자'라는 이름의 사울을 버리고 지극히 '작은 자'란 뜻의 바울로 개명하며 낮아지게 됩니다. 초등학교 5학년 때부터 36년을 예수님을 믿었습니다. 예수님이 너무 좋았고 주님을 사랑해 제 모든 것을 다 드릴 수 있었습니다. 힘들어도 피곤해도 괴로워도 잠시 후면 잊고 또 주님만 바라보며 교회와 성도를 위해 기쁘게 달려갔습니다. 하지만 요즘 제가 바울이 되기 전 사울의 모습임을 깨닫습니다. 분명히 믿음의 확신과 하나님의 사명과 비전, 행복과 열정으로 충만했지만 제 안에서는 조금 불편했습니다. 그동안 목이 터져라 복음을 전하고 목소리가 나지 않을 정도로 기도와 찬송하기를 좋아하고 믿음의 권면을 쉬지 않고 했습니다만 그 모든 것이 나만 열심히 한 것은 아니었는지 모르겠습니다.

🖂 2015년 01월 12일

사랑합니다. 축복합니다. 권사님 성대 치료를 위해서 잠시 제주 아닌 곳에서 말씀과 기도로 아침을 맞는 것도 감사하네요. 모든 게 은혜 아닌 것이 없음을 깨닫습니다. 정말 한없이 부족한 저를 제주 12년 사역과 지금까지 목회 사역을 하도록 도우신 분은 오직 하나님이셨음을 깨닫게 됩니다. 그리고 기도해주신 권사님의 기도와 사랑이었죠. 하나님께 기대하게 됩니다. 아무것도 아닌 저를 통하여 이루실 하나님의 역사를.^^♡ 너무 행복한 아침 권사님이 계시니 더 행복합니다. 그리고 감사합니다….

사랑합니다. 축복합니다, 권사님.~~~♡

🖂 2015년 01월 09일

네, 목사님께서 평안과 감사로 잘 회복하고 계시니 빨리 나을 것 같아요. 감사합니다.

🖂 2015년 01월 12일

사랑합니다. 축복합니다. 수술 후 모든 것이 하나님의 은혜로 매 순간 좋아짐을 느낍니다. 무엇보다 그동안 영과 육 그리고 마음이 얼마나 주님과 멀어진 삶이었는지 깨닫는 축복의 시간이었습니다. 아직 씻어 내고 잘라 버려야 할 인간의 자존심, 교만 무엇보다 주님처럼 섬기는 종의 모습이 아니라 거룩한 척, 겸손한 척, 성령 충만한 척 스스로를 속이고 속고 있는 제 허물을 봅니다. 사랑하고 축복하는 하나님의 존귀한 동역자 권사님 기도해 주세요. 하나님과 사람을 진심으로 사랑하며 섬기는 목자 복음을 가장 귀하게 여기고 전하는 일에 모든 걸 다 드릴 수 있는 목자 택함 받은 제주의 목사로 제주와 사람 그리고 성도를 전심으로 사랑하고 섬기는 목회자와 한라에서 백두 세계 열방을 하나님께 드리는 사명을 마지막 순간까지 다하는 하나님의 종이 되길 기도로 함께해 주세요. 오늘 하루도 계신 곳에서 하나님의 나라와 뜻이 권사님 입술로 선포되길 기도로 하나님께 올려 드리겠습니다. 사랑합니다. 축복합니다, 권사님.^^♡

✉ 2015년 01월 19일

사랑합니다. 축복합니다. 권사님 필그림하우스에 눈이 하얗게 덮인 눈부신 세상입니다. 햇살에 온 세상이 아름답게 반짝이네요. 하나님은 본인이 창조하신 이 우주 만물을 사랑하고 좋아하시지요. 그중에서 사람이 가장 아름답게 보이실 거구요. 그리고 그중에서 우리 권사님이 정말 아름답게 사랑스럽게 보이실 겁니다. 전 장례로 제주에 가기 위해 지금 가평에서 출발하려고 합니다. 제주는 2시간 전에 출발해도 넉넉한데 여긴 5시 비행기인데도 마을버스와 지하철이 벌써 움직입니다.

내일 1시 40분 비행기로 남은 치료와 영성 훈련을 위해 돌아옵니다. 기도해 주세요. 사랑합니다. 축복합니다, 권사님.^^♡

🖂 2015년 01월 30일

감사합니다. 사랑합니다. 축복합니다, 권사님. 하나님 교회를 섬기는 소명, 힘을 다해 애쓰시는 권사님을 더욱 축복합니다. 저는 성대 수술과 치료를 마치고 하나님께서 제게 주신 축복의 땅 제주로 오늘 내려갑니다. 하나님의 소명을 다시 붙들고 처음부터 다시 시작하려 합니다. 오랜 세월 제주를 사랑하는 수많은 제주 도민과 성도 그리고 믿음의 길, 순교의 길을 걷던 선배 목사님의 뒤를 따라 그분들이 계신 하나님 아버지의 품에 안길 때까지 가렵니다. 권사님이 계셔서 너무 좋습니다. 너무 행복합니다. 그리고 권사님의 영육의 강건과 생업 그리고 가정을 위해서 기도로 하나님께 올려 드리겠습니다. 사랑합니다. 축복합니다.^^♡

🖂 2015년 01월 30일

감사합니다. 사랑합니다. 축복합니다.

🖂 2015년 02월 09일

주일부터 계속되는 눈으로 교회 마당과 돌담, 나무 위를 보니 「겨울왕국」처럼 눈 세상이 되었습니다. 형형색색 서로 달랐던 지붕도 똑같이 하얀색으로 칠해지고 까만 마을 돌담들도 하얗게 색칠이 되고….

삶의 무게로 잠시 기쁨과 소망을 가렸던 근심과 염려, 두려움도 하얗게 덮어 버리고 행복으로 우리 마음도 덮어졌네요. 부족하지만 저와 하나님이 같은 편이란 걸 잊지 마세요.^^ 오늘 하루도 최고 행복한 날이 되고 하나님의 은혜로 동행하길 기도할게요. 그리고 하늘에서 내리는 눈만큼 하나님 은혜와 축복이 우리 위에 내렸으면 좋겠습니다. 사랑합니다. 축복합니다. 보고 싶은 행복한 날입니다.^^♡

🖂 2015년 02월 20일

그립고 소중한 사람들과의 따뜻한 만남으로 행복하셨죠. 그리고 원하진 않았지만 잘하려는 섬김에 오히려 마음 한편에는 함께하는 시간 속에서 미안함 섭섭함과 아쉬움들도 있었지요. 명절마다 느끼는 행복과 외로움과 아쉬움들…. 많이 애쓰셨습니다. 용서하고 품어 주고 베풀라는 하나님 아버지의 마음을 따르느라 정말 수고하셨습니다. 이제 눈을 감고 예수 그리스도의 이름으로 의지하여 위로와 은혜를 간구해 보세요. 하나님 아버지께서 부어 주시는 위로와 사랑을 온몸 가득 채우실 겁니다. 마음으로 믿으시면 풍성한 하나님 아버지의 사랑이 채워지게 될 겁니다. 그리고 입술로 아뢰면 아침 햇살이 따뜻하게 비춰 오듯 하나님의 사랑과 평강이 사랑하고 섬기느라 애쓴 권사님에게 새롭게 힘을 주실 겁니다. 오늘 하루도 가장 행복한 하루를 보내시길 새벽에 기도로 하나님께 올려 드렸습니다. 힘내세요. 사랑합니다. 축복합니다.^^♡

✉ 2015년 03월 01일

1919년 03월 01일, 나라의 주권을 빼앗긴 백성들이 "대한 독립 만세!"를 부르며 시장과 거리로 쏟아져 나왔습니다. 그들에 손에는 무기가 아니라 태극기가 있었고 태극기를 흔들며 모든 백성의 소원을 외쳤습니다. 그리고 26년이 지난 1945년 해방을 이루었습니다. 2천 년 전 하늘 천군, 천사를 동원하지도 않으시고 이 땅에 있는 주의 백성을 동원하지도 않으시고 오직 십자가의 완전한 사랑으로 우리 주님이 온 인류를 죄에서 해방시켜 주셨습니다. 오늘 축복의 날, 오직 주님이 가신 길을 따라 교회와 성도를 섬기며 하나님 아버지 앞에 나아가시는 권사님을 통하여 하나님께는 영광이요, 이 땅에 있는 하나님이 기뻐하시는 모든 성도에게는 샬롬이 흘러넘치길 기도로 하나님께 올려 드리겠습니다. 사랑합니다. 축복합니다, 권사님.^^♡

✉ 2015년 03월 07일

내가 네게 노하지 아니하며 너를 책망하지 아니하기로 맹세하였노니 나의 자비는 네게서 떠나지 아니하며 나의 화평의 언약은 흔들리지 아니하리라. 너를 긍휼히 여기시는 여호와께서 말씀하셨느니라(사 54:9~10).

하나님은 연약하고 부족한 우리를 너무나 잘 아시기에 무조건 용서하고 사랑하시기 위해 스스로에게 맹세하고 선포하셨습니다. 그리고 그 약속을 지키기 위해 독생자 예수 그리스도를 십자가에 죽게 하시고 우리를 영원히 용서하고 사랑하기로 작정하셨습니다. 그 대가로 이 세상 그 무엇으로도 대신할 수 없는 독생자의 죽음을 이루셨습니다. 그리고 "그 은혜와 사랑을 우리가 믿기만 하면 된다."라고 말씀하십니다. 이 믿음을 가지고 하나님 아버지께 나아가는 자를 기뻐하시고 상을 주시리라 약속합니다. 오늘도 비록 삶의 문제로 사방에 우겨쌈을 당해도 사망의 음침한 골짜기를 다닐지라도 하나님이 함께하시며 능히 이기게 하시며 때에 따라 피할 길을 주시며 푸른 초장으로 쉴만한 물가로 인도해 주실 겁니다. 힘내세요.

성경 말씀

사 54:9 이는 내게 노아의 홍수에 비하리로다. 내가 다시는 노아의 홍수로 땅 위에 범람치 않게 하리라 맹세한 것 같이 내가 다시는 너를 노하지 아니하며 다시는 너를 책망하지 아

니하기로 맹세하였노니
사 54:10 산들이 떠나며 작은 산들은 옮길찌라도 나의 인자는 네게서 떠나지 아니하며 화평케하는 나의 언약은 옮기지 아니하리라 너를 긍휼히 여기시는 여호의 말이니라.

해설

노아의 홍수에 비하리로다. 여호와는 이스라엘을 향해 '영원한 자비'를 베푸시고 진노하지 않겠다고 하셨다. 선지자는 이런 자비의 영원성을 노아의 언약과 대비시킨 것이다.

2015년 03월 15일

내 맘에 한 노래 있어 나 즐겁게 늘 부르네. 이 노래를 부를 때에 큰 평화 임하도다. 주 십자가 진심으로 날 구원해 주셨으며 주 예수님 고난받아 나 평화 누리도다. 나 주님께 영광 돌려 참 평화가 넘치도다. 주 하나님 은혜로써 이 평화 누리도다. 이 평화를 얻으려고 주 앞으로 나아갈 때 주 예수님 우리에게 이 평화 주시도다. 평화! 평화! 하나님 주신 선물! 그 놀라운 주의 평화! 하나님 선물일세(찬송가 410장).

부활과 생명의 주일, 하나님의 선물 평화가 강단에서 선포되는 하나님 말씀으로 생수의 강이 되어 권사님에게 흘러넘쳐 하나님 은혜와 축복으로 행복과 기쁨이 더욱 풍성하길 기도로 하나님께 올려 드립니다. 사랑하고 축복합니다. 여호와 샬롬!^^♡

(통 468)

내 맘에 한 노래 있어 410

쉬운 기타코드(Capo=1st): Ab → G Eb7 → D7 Db → C

🖂 2015년 03월 17일

사랑합니다. 축복합니다.

오는 4월 26일부터 5월 1일까지 필리핀 빈민 사역을 다녀오려 합니다, 권사님.^^♡

🖂 2015년 03월 19일

하나님이 기뻐하시는 선한 열매를 많이 받으세요. 사랑합니다. 축복합니다, 권사님!!

🖂 2015년 03월 25일

새벽하늘 별빛에 빛나는 하얀 목련꽃이 모세의 눈앞에서 타오르는 호렙산 떨기나무처럼 빛을 발합니다. 하나님의 부르심 앞에 떨리는 모습으로 섰던 모세처럼 하얀 입김을 내뿜으며 하나님께 고백합니다. 제주도와 섬기게 하신 교회를 더 사랑하겠노라며 그리고 하나님의 영광과 기쁨을 이루시기 위해 귀한 동역자인 권사님을 주심을 진심으로 감사드린다고 마음의 중심으로 고백합니다. 새벽 공기가 많이 차갑습니다. 건강하시길 그리고 누구보다 행복한 하루 보내도록 기도로 하나님께 올려 드리겠습니다. 사랑합니다. 축복합니다, 권사님.^^♡

✉ 2015년 03월 19일

사랑하고 축복합니다. 하나님이 주신 마음이라 믿습니다. 하나님께만 영광이 되시기를 그리고 하나님께만 드려지도록 하겠습니다.^^♡

✉ 2015년 03월 19일

저는 권사님이 계셔서 너무 행복합니다. 앞으로 하나님의 크고 놀라운 은혜와 축복의 통로로 동역하길 기도로 하나님께 올려 드리겠습니다. 사랑합니다. 축복합니다.^^♡♡

✉ 2015년 04월 04일

흔한 일은 아니지만 센 바람 가운데 비행기에서 내릴 때, 바람으로 갑자기 수백 미터 밑으로 뚝 떨어질 때, 좌우로 심하게 흔들려 의자 손잡이에 진땀이 흐를 정도로 긴장할 때 여기저기 비명이 터져 나오고 저도 천국 입성 기도로 준비하게 되죠.^^ 내일 부활절 설교를 준비하는 마음도 같네요. 부활절만 되면 성탄절이나 다른 절기에 비해서 긴장감이 갑절이나 되는 것을 느낍니다. 소식을 전하는 것을 떠나 부활의 실재적 은혜를 드러내야 하는 목사들의 동일한 부담이겠죠. 그래서 이 시간 은혜 위에 은혜를 더하시기를 원하시는 하나님 아버지께 부활의 긴장이 아니라 모든 것이 새 은혜로 바뀌는 축복의 날이 되게 해 달라고 다시 엎드렸습니다. 부활 예배 말씀을 통해 예수 그리스도께서 약속하신 성령의 능력과 은혜와 기쁨이 권사님 위에 흘러넘치게 해 달라구요. 죄송합니다. 더 많이 사랑으로 섬기지 못함에 부끄러워 기도로 대신합니다. 사랑합니다. 축복합니다, 권사님.^^♡

🖂 2015년 04월 25일

미련하고 어리석고 허물 많은 제가 목사로 교회를 섬기게 하심은 하나님 은혜와 축복이며 목사로 인정해 주고 사랑으로 섬김으로 인정해 주신 권사님께서 기도해 주셔서 여기까지 왔습니다. 저 또한 기도밖에는 드릴 게 없어 하나님 앞에 올려 드리고 있습니다. 내일도 하나님의 풍성한 은혜와 사랑과 축복의 말씀이 하나님 보좌로부터 흘러넘쳐 성도를 살리고 가정을 살리고 세상을 살리는 말씀이 되길 간절히 기도로 하나님께 올려 드리겠습니다. 그리고 부탁드립니다. 내일 주일에 권사, 안수집사의 피택 선거가 있습니다. 하나님과 화목하고 성도와 교회를 화목하게 하는 하나님의 은혜를 입기를 기도 부탁드립니다. 그리고 올해 4월 16일부터 5월 1일까지 필리핀 빈민 사역과 필리핀 빈민 복음 사역을 행할 다음 세대 청소년 지도자 영성 캠프를 섬기러 갑니다. 제 마음과 입술에 하나님 사랑과 은혜를 풍성히 전하고 오도록 기도해 주세요. 사랑합니다. 축복합니다. 행복과 평안이 넘치는 밤 보내세요.^^♡

🖂 2015년 05월 20일

지난 주일에 이웃 교회에 갔다가 까만 주차장 아스팔트에 누군가 뚫어 놓은 작은 구멍에서 초록 잎사귀를 보았습니다. 아이들이 장난삼아 꽂아 놓았을 것 같아 살짝 당겨 봅니다. 살짝 놀랐습니다. 당겨지지 않고 잎사귀 끝이 끊어져 버렸습니다. 그러고 나서 보니 차바퀴에 밟혀서인지 끝이 상해 있었습니다. 하지만 그 밑줄기는 여전히 생명의 초록빛이었습니다. 저도 몰래 눈물이 날 뻔했습니다. 뜨거운 열기 아래 홀로 피어 있는 저 풀꽃을 심은 분도 보호하시는 분도 자라게 하시는 분도 하나님이셨음을 순간 깨닫게 되었습니다. 이 땅에 모두가 사랑스럽게 가꾼 아름다운 정원 속에서 정원사의 돌봄 안에 있기를 원하는 때에 아무도 알아주지 않고 돌봄이 없는 곳에 피어 하나님의 사랑만을 의지하며 하나님을 위해 사역하는 하나님의 사람, 권사님 사랑합니다. 축복합니다. 한없이 부족하지만 제가 잠시 쉬어 가도록 앉을 만한 작은 바위가 되어 드렸으면 좋겠습니다. 기도로 함께하겠습니다. 오늘 하루도 가장 행복한 하루 보내세요.

🖂 2015년 06월 02일

축복의 비가 내리는 밤, 오늘 하루도 하나님의 마음을 가지고 주님의 생명과도 같은 양 떼를 향하여 대심방 가정으로 나아가 어느덧 밤을 맞이하고 있습니다. 목양실에서 성도와 주님께 한없이 부족함에 부끄러워 홀로 엎드린 저에게 사랑의 주님께서 창문을 두드리는 빗방울처럼 제 어깨를 토닥토닥 두드려 위로하시네요. 문득 지난 주일 유난히 더위를 느껴 가운과 안에 입은 옷들이 다 젖을 때 하나님을 향한 저의 헌신을 스스로 대견하다고 여기다 몇 시간 뒤 뙤약볕 뜨거운 태양 아래 마늘밭에서 일하는 농부는 '얼마나 힘들까? 얼마나 지칠까?' 생각하고 땀으로 흠뻑 젖은 농부의 모습에 부끄러워했답니다. 그리고 가만히 손을 모아 하나님의 은혜로 주님의 사랑과 축복의 생수를 삶에 지친 양 떼에게 가득 부을 수 있는 목자가 되게 해 달라 간구해 봅니다. 내일은 더 사랑하는 마음과 진심을 담아서 주님의 양 떼를 섬겨야겠습니다. 밤이 깊어 갑니다. 하나님 은혜와 축복이 우리에게 더 흘러넘치길 소망합니다. 사랑합니다. 축복합니다.

✉ 2015년 06월 14일

새벽 기도 후에 함께 동역하는 목사님과 해장국을 먹었습니다. 참 오랜만에 누리는 배부르고 행복한 시간이었습니다. 항상 똑같은 모양, 똑같은 맛이지만 7년째 감사하며 먹습니다. 부지런히 일을 하시는 분들, 이른 관광을 시작하는 분들이 아침을 풍요롭게 하는 소박하지만 귀한 식당입니다. 그러고 보니 참 오랫동안 설교를 했습니다. 특별한 능력도 은혜도 없는 말씀을 하나님의 은혜로 전하는 삶을 누렸습니다. 많이 부끄럽고 죄송할 만큼 부족함투성이였음을 너무나 잘 알고도 오직 하나님의 능력과 약속이신 예수 그리스도 나의 주님을 통해 해 왔음을 깨닫습니다. 오늘도 하나님 은혜의 보좌 앞에 보혈을 의지하며 나아갑니다. 말씀의 강단 위에서 입술로 오직 하나님의 사랑과 은혜의 복음만을 전하며 권사님에게 크신 은혜와 은총을 주시길 엎드립니다. 사랑합니다. 축복합니다.^^♡

✉ 2015년 06월 21일

태산을 넘어 험곡에 가도 빛 가운데로 걸어가면 주께서 지키시기로 약속한 말씀 변치 않네. 캄캄한 밤에 다닐지라도 주께서 나의 길 되시고 나에게 밝은 빛이 되시니 길 잃어버릴 염려 없네(찬송가 445장). 삶에서 겪는 가장 큰 고통은 소중한 모든 것을 잃어버릴 것 같은 두려움과 결국은 다 잃은 상태가 되는 죽음에 대한 공포일 것입니다. 그리고 살아 있지만 죽을 만큼 괴로움과 고통의 상황…. 하지만 하나님 아버지는 우리를 그 죽음의 고통에 버려두지 않으시고 아들의 목숨으로 대가를 치르시고 다시 생명을 얻을 권세를 아들에게 주셨습니다. 그리고 다시 얻을 권세를 우리에게 주셨습니다. 다 잃어버릴 것 같은 상황과 절망의 두려움에 있는 자들에게 하나님 말씀을 통해 구원의 은혜를 주고 다시 얻을 권세의 축복을 받는 우리를 통해서 모든 것이 회복되는 하나님의 은혜와 축복이 가득하길 소망하며 새벽 재단에 엎드려 기도로 하나님께 올려 드렸습니다. 사랑합니다. 축복합니다, 권사님.^^♡

445 태산을 넘어 험곡에 가도 (통 502)

반석다문화선교센타 http://blog.naver.com/bansuk0153

주와 동행

🖂 2015년 06월 21일

고맙습니다. 저 또 오늘 캄보디아 선교 떠납니다. 우리 교회에서 함께 갑니다. 목사님 기도해 주세요.

🖂 2015년 06월 25일

지난밤 신발이 잠길 만큼 내리던 장맛비가 다 빠져 버렸습니다. 권사님들 신발이 젖지 않도록 임시로 펼쳐 놓은 야외 테이블 하얀 다리가 천국 길처럼 빛나네요. 잠시 치우면서 저도 성도들을 하나님께로 나아가게 하는 다리가 되기 위해서 물에 잠겨 밟히더라도 하나님의 자녀들이 하나님 사랑과 은혜 앞에 도달하도록 부름을 받은 종으로 살고 있을까 조금 더 솔직히 물어봅니다. 아~ 한숨으로 한없이 부족함을 깨닫습니다. 손에 묻은 흙을 씻습니다. 그리고 예수 그리스도의 보혈로 씻습니다. 다시 사랑으로, 진심으로 섬김 목사의 길을 주님 바라보며 가렵니다. 구름 사이로 파란 하늘이 제게 용기와 힘을 주시는 하나님의 미소처럼 빛나네요. 사랑합니다. 축복합니다.^^♡

🖂 2015년 06월 28일

여호와의 눈은 온 땅을 두루 감찰하사 전심으로 자기에게 향하는 자들을 위하여 능력을 베푸시나니(역하 16:9)

장마로 더욱 어두웠던 까만 하늘이 새벽빛으로 환하게 밝아 옵니다. 저마다 살아가느라 겪는 많은 일로 상하고 지쳐 있는 우리에게 예수 그리스도의 보혈로 깨끗하게 치유하시고 그 이름을 의지하여 예배로 하나님께 마음과 뜻을 다해 전심으로 나아가면 하나님께서 우리에게 세상을 이기시게 하시는 능력을 베푸실 줄 믿습니다. 오늘 새로운 한 주간이 시작되는 주일입니다. 승리는 우리의 것입니다. 사랑합니다. 축복합니다, 권사님. 여호와 이레, 여호와 닛시, 여호와 샬롬.^^♡

성경 말씀

역하 16:9 여호와의 눈은 온 땅을 두루 감찰하사 전심으로 자기에게 향하는 자들을 위하여 능력을 베푸시나니 이 일은 왕이 망령되이 행하였은즉 이 후부터는 왕에게 전쟁이 있으리이다 하매

해설

이스라엘의 침략에 대하여 아사왕은 양면 전력을 채택하였다. 외교적으로 아람 왕국에 요청하여 이스라엘의 북방을 공격하고, 남쪽으로는 유다가 공격하도록 계획한 것이다.

✉ 2015년 07월 22일

변찮는 주님의 사랑과 거룩한 보혈의 공로를 우리 다 찬양을 합시다. 주님을 만나 볼 때까지 예수는 우리를 깨끗게 하시는 주시니 그의 피 우리를 눈보다 더 희게 하셨네(찬송가 270장).

며칠 동안 계속 가슴이 답답하여 애꿎은 소화제만 먹었습니다. 이번 한 주간 하나님의 공의와 정의를 보고 듣는 일이 많았습니다. 그리고 함께 생각과 말을 나누며 세상이 썩고 사람이 썩고 교회가 목사가 썩었다고 스스로 의로움으로 색칠하지만, 하나님의 은혜로 값없이 의롭다 하심을 누리며 감히 목사로 하나님과 성도를 섬기는 복을 누리는 제가 하나님 앞에 교만하게 서 있는 것이었습니다. 그래서 가슴이 아니라 마음이, 영이 체한 것인데….

오늘 새벽 생명의 진리와 은혜 앞에 다시 엎드렸습니다. 오직 예수 그리스도 보혈의 은혜만을 붙들고 전하는 목사가 되게 해달라고…. 하나님을 사랑하시는 권사님이 많이 보고 싶습니다. 오늘도 주님의 은혜로 행복하세요. 사랑합니다. 축복합니다.^^♡

(통 214)

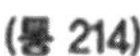

변찮는 주님의 사랑과 270

예수의 피가 우리를 모든 죄에서 깨끗하게 하실 것이요
(요일 1:7)

F. Bottome(1823-1894)

SWEET BY AND BY: 9.9.9.9.REF.
J. P. Webster, 1867

보통으로

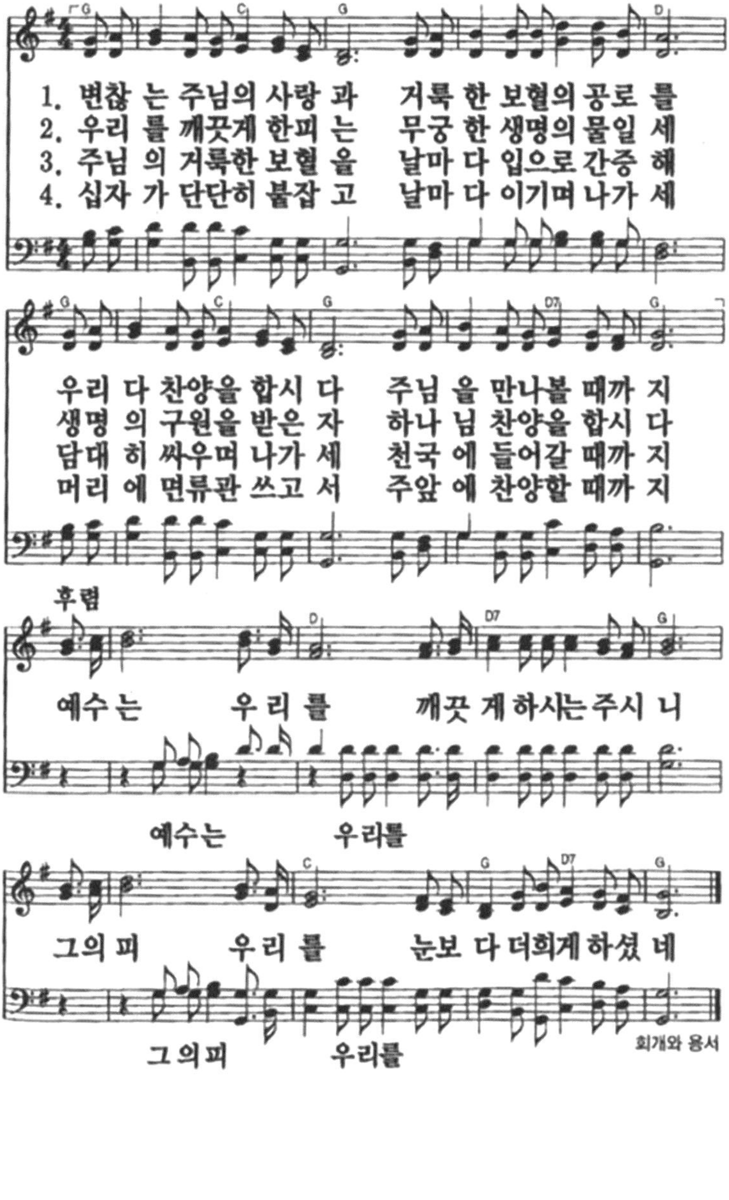

G C G D
1. 변찮 는 주님의 사랑 과 거룩 한 보혈의 공로 를
2. 우리 를 깨끗게 한피 는 무궁 한 생명의 물일 세
3. 주님 의 거룩한 보혈 을 날마 다 입으로 간증 해
4. 십자 가 단단히 붙잡 고 날마 다 이기며 나가 세
G C G D7 G
우리 다 찬양을 합시 다 주님 을 만나볼 때까 지
생명 의 구원을 받은 자 하나 님 찬양을 합시 다
담대 히 싸우며 나가 세 천국 에 들어갈 때까 지
머리 에 면류관 쓰고 서 주앞 에 찬양할 때까 지
후렴
D D7 G
예수는 우리를 깨끗 게 하시는주시 니
예수는 우리를
C G D7 G
그의피 우리를 눈보 다 더희게 하셨 네
그의피 우리를

회개와 용서

🖂 2015년 07월 29일

하늘에서 소리가 나서 가로되 내가 이미 영광스럽게 하였고 또다시 영광스럽게 하리라 하신데(요 12:28)

지난밤 무더위로 많이 힘드셨죠! 늘 반복되는 삶과 사람들로 지치시죠? 힘내세요. 우리 형편과 마음을 잘 아시는 하나님께서 우리를 도우시고 구원하실 겁니다. 하나님은 아들이 십자가를 지시기 전에, 죽음의 권세를 부활로 이기시기 전에 예수님에게 영광을 받게 하셨습니다. 다만 우리를 죄인에서 의인으로 그리고 하나님의 자녀로 영광스럽게 하기 위해서 죽음과 고통의 길을 가게 하셨습니다. 이제 주님이 이 모든 영광과 구원의 길을 이루셨기에 믿기만 하면 우리를 날마다 또다시 영광스럽게 하실 겁니다. 힘내세요. 우린 할 수 없지만 우리 주님이 도우시며 승리하기까지 영원히 함께하실 겁니다. 사랑합니다. 축복합니다, 권사님. 여호와 이레, 여호와 닛시, 여호와 샬롬.^^♡

성경 말씀

요 12:28 아버지여, 아버지의 이름을 영광스럽게 하옵소서 하시니 이에 하늘에서 소리가 나서 가로되 내가 이미 영광스럽게 하였고 또다시 영광스럽게 하리라 하신데

요 12:29 곁에 서서 들은 무리는 천둥이 울었다고도 하며 또 어떤 이들은 천사가 그에게 말하였다고도 하니

해설

희생의 죽음을 통해 얻은 구원에 감사하여 기도할 때 하나님의 응답으로 구원 사역의 완성을 위해 성육신하신 예수님이 십자가의 길을 향하시는 구체적인 출발을 의미한다.

✉ 2015년 08월 09일

초록 잔디 풀이 새파란 하늘을 보며 손짓합니다. 그리고 갓 자라기 시작한 초록 귤이 아침 이슬 햇빛에 빛나는 미소를 보냅니다. 하나님이 창조하신 아름다운 자연을 보니 참 행복한 주일 아침입니다. 아시지요. 만물보다 귀한 게 바로 권사님임을…. 오늘도 얼마나 많은 생명의 말씀으로 위로하고 치유하며 축복해 주실지 기대가 됩니다. 사랑하는 권사님께 목사님을 통해서 선포되는 말씀으로 영생의 생명수를 주시고 이 땅의 삶도 하나님의 주권과 사랑으로 상속자의 복을 누리는 은혜의 잔치가 되길 기대합니다. 사랑합니다. 축복합니다. 하나님께 기도로 올려 드리겠습니다. 여호와 샬롬.^^♡

✉ 2015년 08월 29일

7일 전부터 막내딸이 며칠 열이 오르락내리락하다 기침을 한 후 폐렴 초기가 증세가 되어 어제 입원했었습니다. 어린 손에 주사를 놓고 항생제를 투입하니 열도 내리고 기침이 잦아드네요. 며칠 동안 아픈 아이를 보며 이러지도 저러지도 못하다 아이의 작은 입에 뽀뽀하며 차라리 아빠에게 병을 달라고 기도했습니다. 폐렴이라도 아이가 나을 수 있다면 얼마든지 대신해서 아플 수도 있었습니다. 잠든 아이를 보며 눈물로 깨닫습니다. 우리가 죄로 인하여 고통과 아픔으로 몸부림칠 때 우리 하나님 아버지께서 우리 대신 주님을 죄의 형벌에서 채찍과 십자가의 고통으로 아픔을 겪게 하시고 죽으심으로 우리를 낳게 하셨구나. 그리고 주님만 의지할 수밖에 없는 우리에게 분노하지도 책망하지도 심판하지도 않기 위해서 손수 아들을 버리셨구나. 우리 아버지 하나님이 정말 우리를 사랑하셨구나…. 내일은 잠시 외출 허락을 받고 아이와 함께 십자가 사랑 앞에 나아가 하나님 아버지 사랑과 주님 보혈의 은혜 앞에 엎드리겠습니다.

2015년 08월 30일

여름 내내 새벽마다 예배당 가득 채워진 뜨거운 공기와 흘러내리던 땀줄기가 오늘 새벽엔 풀 향으로 향긋한 공기와 신선한 바람이 되어 말씀으로 찬양으로 기도로 하나님의 은혜로 온몸 가득 채워 주시는 새벽입니다. 병원을 나와서인지 아빠 품 때문인지 환자복을 벗고 집에 온 딸아이가 밤늦게까지 아빠 품속에 장난치다 잠들었는데 잠시 들어와 보니 아이가 여전히 평안하게 잠들어 있네요. 가끔 행복한 미소도 지으며~ 오늘도 하나님께서 예수 그리스도만이 하나님의 아들이며 구세주라 믿는 자녀들에게 값없이 베푸실 은혜와 사랑이 예배 가운데 말씀으로 선포되어 온 예배당과 권사님께 가득 채우시고 성도들을 사하시고 치유하시고 하나님의 복으로 풍성한 삶이 되는 예배가 되길 기도로 하나님께 올려 드리겠습니다. 사랑합니다. 축복합니다.^^♡

✉ 2015년 09월 22일

파란 하늘과 구름을 보면 가을인데, 열정적인 태양은 아직 여름 날씨입니다. 창문을 닫으면 덥고 찜통 같죠? 반대로 열면 바람이 불어 정신없게 하지요. 요즘 아침저녁 온도와 한낮 온도가 너무 다르기에 몸에 이상이 생기기도 하네요. 하지만 신기하리만큼 우리 몸은 잠시 당황하다 금세 적응하는 놀라운 능력을 갖고 있는 것 같습니다. 하지만 이 세상 삶, 참 당황스러운 일이 많이 생기는 것 같습니다. 나름 믿음으로 완전하지는 못해도 최선을 다해 살아가려 애쓰는데도 힘들고 아픈 일이 너무 많이 생기는 것 같습니다. 아프고 눈물이 나고 외롭고 지칠 때가 많죠! 권사님 가족을 위해, 교회를 위해 감당하기 참 힘드실 때가 많죠? 하나님이 다 아십니다. 아들을 십자가에 죽게 내어 주시기까지 권사님을 택하신 아버지 하나님! 그분이 권사님의 아버지시고 권사님을 한량없이 사랑하십니다. 조금 더 참고 힘내세요. 하나님께서 반드시 도우시고 영광스럽게 하실 겁니다. 가을날 풍성한 열매를 거두게 하실 겁니다. 그때가 오도록 기도로 하나님께 올려 드리겠습니다.

✉ 2015년 09월 24일

아직은 조금 덥게 느껴지는 밤, 낮보다 밤이 길어지기 시작한 첫날입니다. 우주 안에 태양계 그리고 태양 둘레를 1년에 한 바퀴씩 도는 공전으로 동지, 춘분, 하지, 추분 그리고 동지. 생각할수록 기적입니다. 그래서 잠시 기도해 보려 합니다. 어렵고 힘든 날보다 조금씩 조금씩 권사님께 속한 모든 삶에서 기쁨과 행복이 길어지게 해 달라구요. 하나님 아버지께서 제 기도를 들어주시리라 믿습니다. 비 온 후라 나무와 숲이 더 풍성해졌습니다. 제 기도는 작아도 하나님 우리 아버지께서 넘치게 채우시리라 믿습니다. 사랑합니다. 축복합니다. 아주 많이요. 주님 안에서 평안한 밤 보내세요.^^♡

✉ 2015년 09월 29일

처음 시작하는 대체 공휴일을 누렸습니다. 어떤 사람들은 생각지도 않은 쉬는 날로 행복하다고 하고 어떤 사람들은 오히려 더 짧게 느껴진다며 볼멘소리를 합니다. 주일 저녁부터 이틀 연휴로 육지에 가신 성도와 목사의 사랑이 필요한 분들께 기도로 짧은 문자와 전화로 마음을 드렸습니다. 그리고 처음으로 목회하면서 모든 순서에서 밀렸던 두 아들과 막내딸, 아내와 외식을 했습니다. 어색했지만 감사했습니다. 하나님의 자녀인 성도들과 교회를 위해서 양보해 준 것과 앞으로 더 많이 양보해 줄 것에…. 제게는 모두가 소중합니다. 왜냐하면 죽을 죄인인 저에게 하나님의 생명과 같은 교회와 성도를 섬기게 하셨기 때문입니다. 그리고 행복합니다. 오늘도 이 길을 함께 사랑으로 헌신하는 권사님이 옆에 있기 때문입니다. 주의 길에 함께해 주셔서 감사합니다. 사랑합니다. 축복합니다. 진심으로.^^♡

🖂 2015년 10월 04일

주일 새벽 아침에 마시는 신선하고 맑은 공기의 특별함은 믿음으로 고백하는 마음에서 시작합니다. 하나님 아버지께서는 죽음의 심판 아래 있는 모든 사람을 자녀를 향한 완전한 사랑으로, 은혜로, 축복으로 새롭게 하시기 때문입니다. 세상은 기회를 얻기 위하여 모든 것을 던지지만 우리 하나님의 자녀들은 하나님께서 아들을 대속물로 치르시고 모든 것을 가능하게 하는 권세를 사랑과 은혜로 선물로 주셨습니다. 오늘 은혜를 사모하며 나오는 권사님에게 예배 말씀을 통하여 은혜와 축복으로 충만하길 기도로 하나님께 올려 드리겠습니다. 사랑합니다. 축복합니다.^^♡

🖂 2015년 10월 13일

하나님 앞에 권사님과 목양 기도를 올려 드리고 예배당을 나왔습니다. 어느새 어둠은 물러가고 새벽이 밝아 오는 하늘빛에 하나님의 영광과 사랑으로 구름이 아름답게 물들었습니다. 하나님이 아니고서는 결코 만들 수 없는 아름다운 빛깔과 모양들이 말로 형용할 수 없습니다. 잠시 계단에 서서 맑은 공기, 하나님 주시는 생명을 들이마시며 내쉬어 봅니다. 가슴 깊이 채워지는 하나님 아버지의 자녀를 향한 긍휼과 사랑을 깨닫습니다. 그리고 눈을 들어 권사님을 은혜와 평강으로 인도하시고 형통하게 하시도록 하늘에 하늘 편지를 새겨 놓습니다. 참 감사하고 행복합니다. 권사님이 계셔서….

사랑합니다. 주님 안에서 평안하세요. 여호와 샬롬.^^♡

✉ 2015년 10월 19일

까만 하늘을 가만히 보니 낮에 본 구름이 보입니다. 낮엔 하얀 구름이었는데 지금은 까만 구름입니다. 같은 구름인데 빛이 구름의 색깔을 바꾸어 놓았습니다. 가끔 우리는 원치 않는 일들로 어둠 속에 구름처럼 빛을 잃고 낙심하고 아파하고 슬픔에 빠지지요. 스스로 답을 찾다 삶의 환경이 혹은 나 자신이 문제라고 자책하면서…. 하지만 우리는 원래 아무것도 할 수 없다고 성경은 말씀합니다. 그리고 오직 하나님이 빛이시며 그 빛으로 인도하시는 분 예수 그리스도께서 우리의 모든 허물과 죄를 용서하시기 위해서 죽으셨고 부활하셔서 우리를 하나님 아버지의 자녀로 회복시키시고 축복의 자녀가 되게 하셨습니다. 권사님!! 우리 함께 하나님의 약속과 축복의 말씀을 붙들고 파이팅하죠! 오직 예수님의 이름으로 승리하시게 함을 확신하며.^^ 늦은 밤 하나님의 신실하신 딸이며 제게 힘이 되는 동역자 권사님이 계셔서 더욱 행복한 밤입니다. 사랑합니다. 축복합니다. 주님 안에서 평안한 밤 보내세요.^^♡

✉ 2015년 10월 19일

한 사람의 범죄로 인하여 사망이 그 한 사람으로 말미암아 왕 노릇 하였은즉, 더욱 은혜와 의의 선물을 넘치게 받는 자들이 한 분 예수 그리스도로 말미암아 생명 안에서 왕 노릇 하리로다(롬 5:17). 아멘!!

내일 강단에서 선포하시는 하나님의 말씀으로, 하나님의 값없이 주시는 사랑의 은혜와 아들의 순종을 통해 온 인류에게 세우신 하나님의 의가 되신 예수 그리스도로, 세상의 왕 노릇을 하는 놀라운 은혜를 믿음으로 누리시길 기도합니다. 사랑합니다. 축복합니다, 권사님.^^♡

설경 말씀

롬 5:17 한 사람의 범죄로 인하여 사망이 그 한 사람으로 말미암아 왕 노릇 하였은즉, 더욱 은혜와 의의 선물을 넘치게 받는 자들이 한 분 예수 그리스도로 말미암아 생명 안에서 왕 노릇 하리로다.

해설

바울은 은혜의 현상과 죄의 현상을 대비한다. 은혜의 현상이 죄의 현상을 압도하며 더 강력하다는 것을 보여 주고 있다. 은혜를 넘치게 받는 자들이 생명 안에서 왕 노릇을 할 것이라 한다.

2015년 10월 26일

또한 그로 말미암아 우리가 믿음으로 서 있는 이 은혜에 들어감을 얻었으며 하나님의 영광을 바라고 즐거워하느니라(롬 5:2).

By whom also we have access by faith into this grace wherein we stand, and rejoice in hope of the glory of God.

가뭄으로 식수와 농수로 사용하는 저수지, 호수 그리고 댐의 물이 말라 가고 있습니다. 그래서 타들어 가는 심정으로 태풍이 왔으면 좋겠다고 합니다. 재앙으로 여겨지기까지 했던 태풍을 기다리는 심정….

결국 자연 현상은 무엇 하나 소중하지 않은 것이 없음을 깨닫게 됩니다. 예수 그리스도께서는 성도들이 환난을 당하리라 하셨습니다. 그리고 모든 것을 인내로 참고 나가라 하십니다. 그러면 연단으로 우리 심령이 굳건해져 천국에 이르기까지 승리하리라 말씀하십니다. 하지만 두려워도 염려하지 마세요. 예수 그리스도께서 그 모든 시험과 죽음의 고통도 다 우리를 위해 감당하시고 참으로 사랑하십니다.

성경 말씀

롬 5:2 또한 그로 말미암아 우리가 믿음으로 서 있는 이 은혜에 들어감을 얻었으며 하나님의 영광을 바라고 즐거워하느니라.

해설

은혜에 들어감에서 '이 은혜'란 의롭다 하심의 은혜이며 '들어감'이란 우리가 하나님께 가까이 접근하는 사실을 강조하는 것이다.

✉ 2015년 10월 30일

9 하늘이 땅보다 높음같이 내 길은 너희 길보다 높으며 내 생각은 너희 생각보다 높으니라.
10 비와 눈이 하늘에서 내려서는 다시 그리로 가지 않고 토지를 적시어서 싹이 나게 하며 열매가 맺게 파종하는 자에게 종자를 주며 먹는 자에게는 양식을 줌과 같이(사 55:9~10)

요 19:1~3의 말씀으로 새벽 강단에서 하나님이 아들에게 행하신 고통과 형벌이 우리를 자녀로 삼기 위한 아버지의 사랑과 은혜임을 고백했습니다. 깨닫게 하신 이사야 말씀의 응답처럼, 우리를 사랑하기로 맹세하신 하나님 아버지의 화평 언약 말씀처럼 십자가 그 은혜와 사랑을 붙들고 오늘도 어둠 가운데 빛으로 걸어갑니다. 부족하지만 간절히 엎드립니다. 하나님의 손이 권사님 삶의 여정을 천국의 영광에 이르기까지 붙드시도록 오늘도 섬기시는 직장과 사랑하시는 소중한 가족 위에 은혜를 부으시길 기도로 하나님 아버지께 올려 드립니다.

성경 말씀

사 55:9 하늘이 땅보다 높음같이 내 길은 너희 길보다 높으며 내 생각은 너희 생각보다 높으니라.

사 55:10 비와 눈이 하늘에서 내려서는 다시 그리로 가지 않고 토지를 적시어서 싹이 나게 하며 열매가 맺게 파종하는 자에게 종자를 주며 먹는 자에게는 양식을 줌과 같이

사 55:11 내 입에서 나가는 말도 이와 같이 헛되이 내게로 되돌아오지 아니하고 나의 뜻을 이루며 내가 보낸 일에 형통하리라.

해설

이사야는 이스라엘의 영적 게으름을 꾸짖는다. 그는 영적 태만에서 벗어나 하나님께 돌아오라고 외친다. 회개하는 자들은 하나님께서 용서해 주신다는 것이다. 그러나 의심하는 자들이 있었는데 그들에게 주는 메시지이다. 사람들은 자기를 배반하고 상처를 입힌 자들을 용서하기 힘들지만 하나님의 자비하심은 이를 용서하실 수 있다는 것이다.

성경 말씀

요 19:1 이에 빌라도가 예수를 데려다가 채찍질하더라.

요 19:2 군인들이 가시나무로 관을 엮어 그의 머리에 씌우고 자색 옷을 입히고

요 19:3 앞에 가서 이르되 유대인의 왕이여 평안할지어다 하며 손으로 때리더라.

해설

시편 22편과 이사야 53장에 나타난 바와 같이 메시아의 수난 예언이 성취됨을 볼 수 있다. 예수님은 빌라도의 최종 사형 선고를 통해 십자가에 못 박히셨다. 도살장으로 가는 양 취급을 받으면서 시종일관 양순한 예수님의 모습은 그가 바로 인류를 구속한 유월절 양이심을 보여 준다. 한편 여기에는 가상칠언 중 세 마디가 언급되고 있는데 그중에서도 "다 이루었다(요 30절)."라는 말씀은 그리스도 구속 사역의 완전성을 증거한다.

✉ 2015년 11월 19일

어린이집 재롱 잔치를 준비하던 선생님들이 다 떠나고 나니 교회 마당에 따지 않은 귤들이 가로등 불에 반짝이네요. 구름 낀 하늘에 별빛 대신 아름답게 반짝입니다. 신앙인으로 사는 게 쉽지 않죠! 많이 힘드셨죠? 그래도 주의 자녀답게 사시려 애쓰시느라 정말 수고하셨습니다. 비록 지금은 구름 뒤에 가려져 있지만 별빛이 빛나는 것처럼 하나님은 권사님의 수고와 애씀을 그리고 눈물도 다 아시기에 하나님 나라의 보석으로 빛나게 하실 겁니다. 조금 더 힘내세요. 하나님께 기도로 올려 드릴게요. 사랑합니다. 축복합니다. 평안한 밤 보내세요.^^♡

06

2016년의 묵상 편지

2016년 07월 22일

우리는 할 수 없지만 주님을 믿으면 무엇이든지 원하는 대로 이루어진답니다. 사랑합니다. 축복합니다.

2016년 07월 30일

어둠을 깨우는 빛이 예배당 가득 밀려들어 옵니다. 모든 기도 제목을 주었던 한 분, 한 분을 기도로 하나님 아버지께 올려 드립니다. 비록 부족함 가득하지만 기도할 수 있는 직분을 주셔서 이 시간 땀방울 방울방울 온몸에 흘러내리지만 기도의 눈물과 함께 올려 드립니다. 권사님이 하시는 모든 것이 잘되었으면 좋겠습니다. 행복했으면 좋겠습니다. 제가 기도하는 이 시간 예수님이, 성령님이 응답하셨으면 좋겠습니다. 아무것도 해 드릴 것이 없어 기도밖에 올려 드릴 게 없지만 세상에 오직 하나밖에 없는 독생자를 주신 우리 아버지께서 사랑과 자비와 긍휼과 은혜와 평강을 주시길 사모하며 자기의 생명보다 우리를 더 사랑하시는 나의 주님 예수님께 올려 드립니다. 사랑합니다. 아주, 아주 많이요. 여호와 샬롬.^^♡

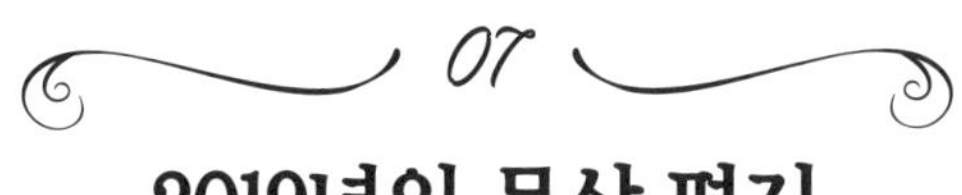

2019년의 묵상 편지

🖂 2019년 08월 26일

하나님 아버지께서 주신 은혜와 권사님 기도의 동역으로 필리핀 주찬양교회를 통해서 많은 영혼이 돌아오고 있습니다. 더욱 감사한 것은 그곳의 청년과 청소년들이 가난하고 버림받은 땅을 떠나지 않고 그곳에 복음을 전하는 사역자로 헌신하는 놀라운 열매를 맺은 것입니다. 현지 선교사님도 이제 10년 남은 이때, 미래를 위하여 다음 사역자를 세워 주셨습니다. 하나님 아버지께서 하셨습니다. 귀한 청년과 청소년들에게 한국 교회에 임한 하나님 아버지의 은혜와 목회자로서 나아가야 할 믿음의 자세와 말씀의 능력을 전해 달라는 부탁으로 혼자 9월 2일부터 9월 5일까지 다녀옵니다. 특별히 얼마 전 태풍으로 사역자와 학생들 숙소가 무너져 수리할 정도가 아니라 새로 지어야 할 상황이라 ○○교회와 저희 가정으로 일단 시작했고 완공을 위해서 다녀오려 합니다. 계속 기도 부탁드립니다. 사랑합니다. 축복합니다. 여호와 샬롬.^^♡

✉ 2019년 09월 06일

태풍이 불어오기 전 새벽바람이 시원하게 온몸을 감싸 줍니다. 태풍이 우리의 안전과 생명을 위협할 때 우리 구주, 우리를 친구 삼아 주신 주님께서 잔잔하게 하실 줄 믿습니다. 무엇보다 우리 마음의 태풍을 향하여 우리 영에 선포하십니다. "염려하지 말라. 걱정하지 말라. 두려워하지 말라."라고 하십니다. 4일 동안 필리핀 까비테에 빈민 선교로 세우신 필리핀 주찬양교회를 하나님 아버지 은혜와 섬겨 주신 사랑과 함께해 주신 기도로 예수 그리스도의 십자가 보혈로 세우시는 아름다운 믿음의 공동체를 섬기고 왔습니다. 감사합니다…. 그리고 진심으로 사랑하고 축복합니다.

✉ 2019년 09월 16일

가을을 연주하는 귀뚜라미와 풀벌레 소리가 마음까지 청명하게 하는 밤입니다. 까만 하늘 위로 별빛 조명과 어두운 밤 외롭고 지친 이들에게 빛을 나누어 주느라 조금 야윈 달빛이 작은 풀벌레 연주자들을 웅장한 오케스트라 연주회로 빛내 주는 멋진 밤입니다. 이 시간 수많은 기도의 소리가 하늘 아버지께 올라갑니다. 그 속에 권사님을 위한 제 기도도 올려 드립니다. 사랑합니다. 축복합니다. 주님께서 주시는 평안한 밤 보내세요. 여호와 샬롬.^^♡

🖂 2019년 10월 10일

82살이 된 ○○교회 그리고 새로운 땅에 새 교회 건물이 세워진 지 27년이 된 예배당 앞에 10여 년 전 제주산 동백나무로 십자가를 만들어 올려놓았습니다. 그리고 2년 전 십자가 아래 색이 바랜 하얀 천을 거둬 내고 주기도문이 기록된 하얀 스크린으로 교체했습니다. 그리고 교회 내부와 외부도 세월에 따라 조금씩 새것으로 좋은 것으로 교체되었습니다. 하나님 아버지께서 세우시고 주의 존귀한 자녀를 택하사 그분들의 순종과 눈물과 헌신과 기도로 세운 ○○교회에 목회자로 부름을 받아 12년 사역의 시간을 보내었습니다. 모두 다 하나님 아버지께서 베푸신 은혜였습니다. 하지만 여전히 부족하여 세워져 드러나고자 하는 욕심을 버리고 한 알의 밀알이 되어 썩어지고자 했지만 아직도 못난 자아가 살아 있음을 깨닫는 지금, 밝아 오는 태양처럼 하나님 아버지만 빛난 영광이 되시고 또다시 썩어져 가는 밀알이 되길 소망해 보며 기도로 하나님 아버지께 나아가며 권사님의 이름을 함께 올려 드리겠습니다. 사랑합니다. 축복합니다. 여호와 샬롬.^^♡

🖂 2019년 10월 18일

빗방울이 토동통 악기 소리를 내듯 지붕과 창문과 나무와 돌들과 풀들을 연주하는 아침입니다. 하나님 아버지께서 앞에 엎드린 제 마음을 연주하시는 듯 계속 말씀이 두드리는 아침입니다. 겟세마네 동산에서 배신과 멸시와 조롱 그리고 고통과 절망과 죽음의 길, 십자가의 길 앞에 흐르는 땀이 핏방울이 되어 흐르도록 하나님 아버지의 아들조차 두려운 그 길, 하지만 가야만 하는 그 길…. 사랑하는 특별한 제자들조차 주님의 십자가 무게를 깨닫지 못하고 잠들어 버린 외로운 길, 왜 가셨을까? 하나님을 배신하고 돌이킬 수 없는 자녀를 살리시려는 아버지의 사랑을 너무나 잘 알기에 그 사랑을 성취하기 위해서 생명을 죽음으로 바꾸신 우리 예수님. 오늘도 아버지와 아들의 그 사랑 앞에 엎드려 기도합니다. 그 사랑의 길을 순종하며 따라가는 종이 되게 해 달라 고백합니다. 그리고 그 길을 함께 걷는 권사님을 위해서 작고 부족하지만 마음을 담아 기도로 하나님 아버지께 올려 드립니다. 사랑합니다. 아주아주 많이요.^^♡

🖂 2019년 10월 23일

아침이 밝아 옵니다. 제게 허락하신 은혜의 예배당 앞에 엎드려 주를 바라보며 소중한 권사님들과 동역자들을 위해 기도의 제목마다 하나하나 올려 드립니다. 지난밤 세상 가득 어두움을 하얀빛으로 비추어 캄캄한 색칠 속에 숨겨진 파란 하늘, 푸른 바다 제주를 황금빛으로 물들이는 귤들과 눈을 맑게 하는 까만 돌, 생명 빛 가득한 수많은 야생 꽃과 풀, 나무 그리고 길마다 오름마다 은빛 물결이 되어 가을을 알려 주려 손짓하는 억새꽃들을 드러내시는 것처럼~ 오직 예수 그리스도의 십자가 사랑의 빛으로 우리의 어둠을 걷어 내고 우리를 향하신 눈부신 은혜와 긍휼과 사랑을 드러내시는 하루가 되길 소망합니다. 그 하루가 하나님 아버지의 존귀한 동역자 권사님에게 주어지길 기도로 하나님 아버지께 올려 드리겠습니다. 사랑합니다. 축복합니다. 여호와 샬롬.^^♡

🖂 2019년 10월 29일

밤하늘에 새겨 놓은 아름답게 빛나는 보석들이 바람결에 흘러내려 까만 바다 위에 내려앉았습니다. 부드러운 바람이 어루만질 때마다 까만 바다 위로 예쁘게 미소 짓는 것 같습니다. 누군가의 아빠, 남편과 아들이 가족을 위해 밤이 새도록 까만 바다에 사랑과 소망과 기쁨을 담기 위해 힘을 다해 그물을 던지고 거두고 합니다. 그들을 위해 기도합니다. 예수님을 만나 순종한 베드로처럼 배가 잠기도록 고기를 잡았으면 좋겠습니다. 그리고 진짜 행복과 은혜를 낚는 하나님의 자녀가 되었으면 좋겠습니다. 어느덧 밝아 오는 아침을 맞이하는 이 시간 기도합니다. 예수 그리스도를 믿음으로 마음에 모신 우리 모두에게 하나님 아버지께서 주시는 은혜와 축복 그리고 평화가 가득 담기길 기도합니다. 오늘 하루도 가장 행복한 하루 보내세요. 사랑합니다. 축복합니다. 여호와 샬롬.^^♡

✉ 2019년 11월 09일

밤하늘 까만 도화지에 하얀 달이 미소 짓고 있습니다. 누구나 어둠이 외롭기도, 무섭기도 하기에 오늘 밤 더 하얗고 밝은 미소를 지어 주는 듯합니다. 한 주간 동안 장례 집례와 결혼 축하 그리고 몸도 영혼도 가난한 필리핀 빈민 선교지 땅에 사랑을 전하고 왔습니다. 그리고 이제 주일에 전할 하나님의 말씀을 앞에 두고 제 안에 머무는 주석의 지식과 신학의 지혜와 한 주간 겪은 경험과 삶의 깨달음을 다 내려놓고 하나님의 영이신 성령님께 은혜를 구하는 밤입니다. 내일 베푸실 은혜와 축복과 평강을 권사님에게 가득 내려 주시길 기도합니다. 주님께서 주시는 평안한 밤 보내세요. 여호와 샬롬.^^♡

✉ 2019년 11월 19일

노랗게 물들어 가는 예쁜 귤들, 길가에 핀 아름다운 야생 꽃들이 바람에 움츠린 우리를 환한 미소로 보듬어 주는 아침입니다. 어느덧 제주에서 17번째 추수 감사 주일을 보내고 하나님 아버지께서 베푸시는 은혜로 맞이하는 행복한 하루입니다. 강단 앞에 성도들의 사랑과 정성과 진심을 담은 귤 하나하나, 그 옆에 사과와 대추와 고구마, 감자들 그리고 늘 우리를 위로하듯 격려하듯 손을 흔들어 주는 억새꽃들이 강단 가득 물결이 되어 흘러내리고 있습니다. 잠시 눈을 감아 마음의 눈으로 봅니다. 강단에 아름답고 풍성하게 올려진 과일과 곡식들보다 더 귀한 보배인 예배를 드리는 존귀한 주의 자녀들이 보입니다. 여름의 뜨거운 태양보다 시리도록 차가운 눈보라보다 더한 삶의 시련과 고난을 오직 주님만 붙들고 이겨 낸 아버지께서 너무나 사랑하는 권사님들이 보입니다. 그 모든 시련을 이겨 내고 믿음의 자리를 지키는 자녀들이 너무나 감사하고 고마워 눈물이 나는 아침입니다. 이 시간 조금 더 차가워진 예배당이지만 더 간절히 엎드려 하나님 아버지 자녀들의 이름을 한 분, 한 분 불러 봅니다.

🖂 2019년 12월 03일

한 사람, 한 사람, 올 한 해도 수많은 삶의 이유를 짊어진 사람들의 무게와 거친 인생의 숨소리를 온몸으로 받아 주고 파란 하늘과 하얀 구름 그리고 맑고 깨끗한 공기와 상큼한 야생꽃들의 풀 내음으로 우리 마음을 깨끗하게 씻어 주느라 애쓰고 수고한 한라산, 며칠 동안 비가 눈이 되어 사람들의 발길에 상하고 지친 상처들을 하얗게 덮어 놓았습니다. 그리고 곧 눈부신 아름다움으로 또 지치고 상한 사람들을 말없이 위로하며 품어 줄 것입니다. 12월 한 해 동안 예수 그리스도의 탄생을 축하하며 감사하는 하나님의 자녀들을, 세상 가운데 신앙을 지키며 살아가느라 상처투성이인 우리를, 십자가의 사랑과 은혜로 하얗게 깨끗하게 덮어 주시고 치유하셔서 아름답고 존귀하고 빛나게 하실 것이라 믿습니다. 주님께서 약속의 말씀을 따라 축복해 주시고 평강을 내려 주시리라 믿습니다. 섬기시느라 수고하고 애쓰셨습니다. 빛으로 어둠을 이기신 부활의 그날처럼 이 시간 기도로 권사님의 모든 수고와 헌신 위에 살아 계신 하나님 아버지께서 하늘의 신령한 복과 땅의 기름진 복을 자녀에게 내려 주시기를 기도합니다.

🖂 2019년 12월 10일

뜨거운 여름날 쏟아져 내리는 소나기도 차가운 겨울바람에 내리는 하얀 눈도 같은 하늘에서 내리는 것은, 바다에서 강에서 샘에서 올라가는 크고 작은 수증기들이 모여 구름이 되어 계절에 따라 비가 되고 눈이 되어 내리는 자연의 순리임을 깨닫게 되는 이 시간. 하늘 아버지께서 은혜를, 축복을, 평화를 내려 주시는 것이 우리의 기도가 향기가 되어 아들 예수 그리스도의 이름으로 아버지께 올려질 때 기도의 구름이 되고 더 간절히 기도로 올려질 때 기도의 구름이 더 커져 하나님 아버지께서 하늘의 신령한 복과 땅의 기름진 복과 평화를 담은 말씀의 능력으로 이 땅에 사는 아버지의 자녀의 이름을 가진 우리 모두에게 생명으로 풍성한 은혜로 내려지는 것임을 깨닫게 됩니다. 오늘도 기도를 멈추지 못하는 이유는 쉬지 말고 기도하라는 말씀을 믿고 순종하는 것이며 오늘도 기도로 하나님 아버지께 나아갑니다. 그리고 한없이 부족하지만 오늘 혹 육신의 피곤함으로 삶의 무게로 지쳐 잠시 기도하기 어려운 순간이 있다면 조그마한 저의 기도가 사랑하는 권사님께 작은 힘이 되었으면 합니다.

🖂 2019년 12월 18일

지난밤 비구름에 가려져 있던 반달이 기도로 하나님 아버지께 엎드렸던 작은 목자를 향해 기도를 들어주셨다고 환한 미소로 반겨 주네요. 차가운 새벽 공기가 어느새 은혜의 따뜻한 바람이 되어 마음을 따뜻하게 데워 주네요. 지구의 공전으로 달은 한 달 내내 꽉 찬 보름달이 되었다가 점점 작아져 초승달이 되어 사라졌다, 또 조금씩 조금씩 채워져 어느새 가득 찬 밝은 미소 짓는 보름달로 인사하지요. 늘 비추는 태양 빛에, 지구라는 별에, 가려지는 크기에 따라 달라 보일 뿐이죠. 달은 늘 그대로인데 우리는 하나님 아버지의 형상과 영을 품은 존귀한 자녀이고 아버지의 사랑하는 자녀인데 염려와 근심과 두려움으로 작아져 보이기도 하고 말씀의 은혜로 믿음으로 커져 보이기도 하지요. 그래서 하루를 여는 지금 다시 우리를 존귀한 아버지의 자녀가 되게 하시는 완전한 은혜의 이유, 즉 예수 그리스도의 이름으로 사랑하고 축복하는 권사님께 은혜와 축복으로 가득 채우시도록 기도로 하나님 아버지께 올려 드립니다. 여호와 샬롬.^^♡

✉ 2019년 12월 20일

한라산이 제주이고 제주가 한라산인 섬, 하나님 아버지께서 이 세상에서 지친 영혼들을 위해 구별하신 아름답고 신비한 섬, 어떤 이는 너무 좋아 일주일이 멀다 않고 찾아오다 아예 정착하는 제주, 또 어떤 이는 외롭고 힘들다고 하며 흔들리는 사람들과 이 모든 이를 품고 사는 제주, 가진 크기보다 훨씬 큰 마음의 품을 갖고 있는 제주, 어린 딸이 교회가 자기보다 작으면 안아 줄 텐데 하며 사랑을 고백하는데 눈물이 나게 좋습니다. 그리고 하나님이 제게 강산이 두 번 바뀌는 지금도 제주가 좋으냐고 묻는다면 미치도록 좋다고 대답할 것입니다. 왜 좋으냐 물으시면 하나님 아버지의 은혜와 사랑이 자연에서 사람에게서 그 어느 곳보다 풍성하기 때문이라고 답할 것입니다. 제게는 천국 다음으로 좋은 곳입니다. 이 행복의 시작은 제주에서 하나님 아버지께서 사랑하시는 자녀에게 주시는 평화를 찾았기 때문입니다. 그래서 이제는 아버지께서 아들의 희생으로 주신 것을 빼앗기지 않을 것입니다. 그리고 예수님이 이 땅에 오실 때 하나님 아버지께서 주신 그 큰 은혜와 사랑이 있기 때문입니다.

✉ 2019년 12월 30일

조금씩 구름 사이로 빛난 미소를 짓는 햇살을 따라 예배당 계단을 한 계단 한 계단 올라갑니다. 아무도 없는 곳, 주님과 저만이 마주하는 강단 앞에서 십자가를 바라봅니다. 십 대 어린 시절에 성령의 말씀으로 임한 그 사랑과 그 은혜로 덮어 주시고 오십 대에 이르기까지 한없이 부족한 저를 이곳까지 오게 하신 것은 오직 하나님 아버지의 은혜와 아버지께서 사랑하시는 성도들의 섬김과 사랑의 동역임을 더 간절히 깨닫게 됩니다. 제가 섬겨야 할 성도들에게 제가 받은 은혜와 사랑을 더 풍성하게 돌려드릴 수 있는 방법은 십자가의 사랑과 능력만을 다시 붙드는 게 유일한 은혜임을 깨닫게 됩니다. 2020년 다시 살아 계신 하나님 아버지의 아들 예수 그리스도 이름으로 파이팅을 해 봅니다. 그리고 제게 힘과 은혜와 지혜를 주시는 하나님 아버지께 기도로 간구하며 제게 소중한 동역자이자 힘과 위로가 되어 주시는 권사님의 이름을 함께 올려 드립니다. 사랑합니다. 축복합니다.^^♡

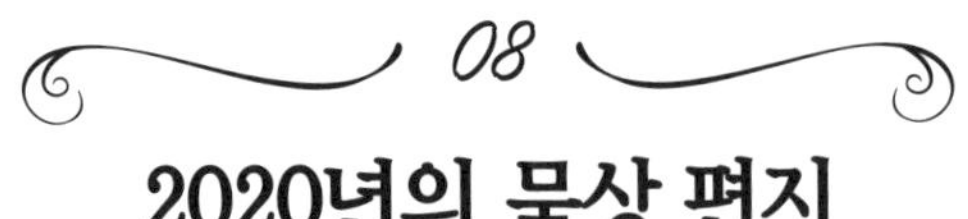

2020년의 묵상 편지

🖂 2020년 01월 14일

새벽 까만 비에 젖어 깨끗한 빛을 발하는 귤밭을 봅니다. 일년 내내 태양 빛에도 미세 먼지에도 부러뜨릴 것 같은 강한 바람에도 견디며 우리에게 예쁘고 향기로운 맛으로 황금 선물을 주려 애쓴 귤나무 위로 새벽을 여는 기도의 향기와 연두색 생명 빛 잎사귀가 하늘 아버지를 향해 올라가는 듯 자라고 있네요. 오늘따라 차가운 겨울비가 더 춥게 느껴지지만 한 알 한 알 귀한 귤을 다 내주고도 다시 또 내년에 줄 선물인 맛있는 생명을 피우기 위해 그 차가운 빗방울 하나하나 온몸으로 흡수하네요. 세상이 조금씩 깨어나는 지금 살아 계신 하나님 아버지께 권사님을 소중한 간구의 기도에 담아 올려 드립니다. 하나님 아버지의 사랑과 은혜와 긍휼과 자비와 샬롬의 빗방울이 권사님과 권사님의 가족과 섬기시는 교회 위에 내려 아름답고 풍성한 열매를 맺기를 기도하겠습니다. 사랑합니다. 축복합니다. 여호와 샬롬.^^♡

✉ 2020년 02월 01일

따사로운 햇살 따라 올레길을 따라 봄꽃들도 함께 걷고 있습니다. 알록달록 저마다 예쁜 꽃들이 햇살에 반짝이며 푸른 바다에 더욱 아름답게 피어 있습니다. 자세히 보니 올레길을 걷는 사람들의 예쁜 옷들이 꽃처럼 보였네요. 도심의 거리마다 하얀색, 까만색 마스크를 낀 답답한 사람들이 오늘은 새파란 하늘과 햇살을 눈으로 담고 푸르른 바다 내음을 가슴 가득 담고 걸으며 웃음꽃을 피우는 모습이 행복해 보입니다. 눈으로 하얗게 덮인 한라산 백록담도 우리에게 새 은혜와 기쁨과 행복을 담아 주시는 하나님 아버지의 미소로 축복하네요. 봄이 피고 있습니다. 하나님 아버지의 은혜의 꽃이, 축복과 평화의 꽃이 피고 있습니다. 기도합니다. 권사님과 가정과 생업에 성령님께서 가득 꽃을 피우시는 주일이 되시기를 하나님 아버지께 올려 드립니다. 사랑합니다. 축복합니다.^^♡

✉ 2020년 02월 10일

남쪽 끝 푸른 바다를 건너 따뜻한 바람이 초록빛 겨울 바다를 일렁이며 봄 내음을 전해 주는 오후입니다. 질병 소문으로 조금은 긴장된 사람들의 마음을 위로하듯 노란 유채꽃들이 기지개를 켜고 손을 흔들어 주는 것 같습니다. 태곳적부터 사람의 힘으로 돌볼 수 없는 자연의 생명들을 여전히 돌보시는 하나님 아버지의 놀라운 섭리를 봅니다. 세상에 반복되는 전쟁, 기근, 재앙, 질병, 예전에 그랬듯이 또 우리는 이겨 내게 될 것입니다. 하지만 세상은 또 걱정과 두려움에 휩싸일 것입니다. 그러나 우리는 생명의 주관자이신 예수 그리스도를 믿으므로 하나님 아버지께서 주시는 평화를 누리게 될 것입니다. 그분께서 우리를 보호하시고 구원하시겠다고 약속하셨기 때문입니다. 햇살이 예배당을 오르는 계단을 따뜻하게 비춰 줍니다. 아버지 품에 안기어 예수 그리스도 안에 거하시는 권사님과 가족을 위해서 기도하겠습니다. 사랑합니다. 축복합니다. 여호와 샬롬.^^♡

✉ 2020년 02월 29일

하늘에서 맑고 깨끗한 비가 내립니다. 봄을 알려 주던 노란 유채꽃 위에도, 지난가을을 은빛 물결로 노래하던 억새 위에도, 하늘 아래 첫 동네인 한라산에 하얀 모자를 썼던 백록담 위에도 비가 내립니다. 하나님 아버지께서 우리에게 주신 자연 만물들을 오늘도 새롭고 깨끗하게 씻겨 우리에게 아름다운 미소와 향기로 위로받게 하시기 위해서 그분의 사랑으로 씻어 주시네요. 잠시 눈을 감고 기도합니다. 세상 가득 질병과 전염병으로 두려워하는 자녀들에게 생명의 떡이자 생명수인 하나님의 말씀이 성령의 비가 되어 우리 마음을 깨끗하게 씻고 씻어 30배 60배 100배의 믿음의 열매를 맺기를 기도합니다. 사랑합니다. 축복합니다. 여호와 샬롬, 여호와 라파, 여호와 닛시.^^♡

🖂 2020년 03월 21일

파란 하늘과 푸른 바다 위로 매 한 마리가 마음껏 날갯짓하며 날아오릅니다. 어느새 하늘로 사라졌다가 또 어느새 바닷속을 들여다보듯 파도에 닿을 듯 낮게 날아갑니다. 뉴스로 들리는 질병 소식에 세상도 교회도 많이 지쳐 갑니다. 언제쯤 끝이 날까? 모두가 기다려 보지만 그때가 언제인지 알 수 없기에 더 힘들어하네요. 저 하늘과 바다를 마음껏 나는 새처럼 고민과 걱정을 넘어서 자유롭게 날아올라 새파란 하늘 공기 맡으며 시원하고 푸른 바다 내음 맡으며 이렇게 아름다운 세상을 만드신 하나님 아버지께 날아오르고 싶습니다. 우리에게 생명과 기쁨과 능력으로 채우시기로 약속한 특별한 날이 다가옵니다. 우리의 구원자이시며 하나님 아버지의 아들이신 예수 그리스도 이름으로 나아가 은혜와 평강과 축복을 받으시길 기도하겠습니다. 사랑합니다. 축복합니다. 여호와 샬롬, 여호와 라파, 여호와 닛시, 여호와 이레.^^♡

🖂 2020년 04월 15일

움츠러든 몸을 감싸 주는 따뜻한 봄바람인지 영혼을 감싸 주는 성령의 바람인지 엎드려 기도하는 예배당을 따뜻하게 채워 주시네요. 하나님 아버지께서 잠시 허락하신 전염병으로부터 삶도 건강도 피폐한 이 땅에 오직 예수 그리스도의 이름을 믿고 주의 은혜를 구하는 하나님 아버지의 자녀들에게 은혜와 구원과 보호하심을 간구하며 소중한 분의 이름을 기도의 대접에 담아 올려 드립니다. 하늘의 신령한 복과 땅에 기름진 복과 무엇보다 하나님 아버지께서 기뻐하고 사랑하는 자녀에게만 주시는 평화로 덮으시길 간절히 기도로 하나님 아버지께 올려 드립니다. 새벽 미명에 한라산 백록담이 하얗게 빛나는 아침입니다. 많이 보고 싶습니다. 하나님 아버지와 부족하지만 제가 기도로 함께하겠습니다. 사랑합니다. 축복합니다. 여호와 샬롬.^^♡

✉ 2020년 04월 24일

제주의 아름다운 길을 걷다 보면 계절을 만나게 됩니다. 봄을 알리는 노란 유채꽃들이 손을 흔들어 봄 인사를 하지요. 그리고 노란빛이 초록으로 바뀔 때가 되면 소담하고 풍성함을 선물하며 여름을 알려 주는 수국이 지난겨울 내내 차가운 바람을 이겨 내고 초록 잎사귀 위로 환한 미소를 지어 줍니다.

수국, 너무나 풍성하고 이쁜 수국, 수국의 꽃말은…. 색깔별로 다르다고 합니다. 보라색 - 진심, 흰색 - 변덕, 변심, 분홍색 - 처녀의 꿈, 소녀의 꿈, 파란색 - 바람둥이, 거만, 냉정.

곧 올레길에 필 수국은 우리를 진심으로 사랑하사 아들을 아끼지 않고 주신 아버지 하나님의 보라색 진심이고 그 수국이 우리 마음에도 피어나 환하게 웃는 하루가 되길 소망하며 기도합니다. 힘내세요. 하나님 아버지와 제가 항상 함께하겠습니다. 사랑합니다. 축복합니다. 여호와 샬롬.^^♡

🖂 2020년 04월 30일

새벽 예배 후 송악산 산책으로 얻은 돌고래의 아침 인사입니다. 제주가 주는 선물입니다. 주님께서 주시는 은혜와 평강으로 행복한 오후 보내세요. 사랑합니다. 축복합니다. 여호와 샬롬.^^♡

🖂 2020년 05월 10일

하늘에서 내린 은혜의 비로, 산과 바다에서 불어온 바람으로, 며칠 동안 비와 바람이 제주를 흔드는 것 같았습니다. 그리고 밤이 지나고 새벽이 밝아 오자 햇살이 온통 젖은 제주 바다와 까만 바위 그리고 들녘에 핀 풀들과 꽃들 위에 맺힌 이슬들을 눈부시게 반짝거리게 합니다. 눈을 들어 눈이 시리도록 파란 하늘 위에 계신 하나님 아버지께 기도합니다. 거친 풍파와 폭풍 같은 삶 속에서 오직 예수 그리스도 하나님 아들만 믿으며 살아가는 자녀들에게 아버지께서는 자녀들의 눈물과 섬김을 은혜와 축복과 평화로 응답하사 오늘, 내일 그리고 마지막 하나님 아버지 품에 안겨 평화를 누리는 그날까지 보석처럼 빛나는 삶이 되도록….

오늘 예배 가운데 그 놀라운 응답이 시작되길 기도로 하나님 아버지께 알려 드립니다. 사랑합니다. 축복합니다. 여호와 샬롬, 여호와 라파, 여호와 이레, 여호와 닛시, 여호와 삼마.^^♡

✉ 2020년 05월 20일

빨갛게만 보이던 송악산 바닷가 용암 절벽이 파도에 씻겼는지 봄비에 씻겼는지 여름 초록 생명 옷으로 갈아입고 싱그러운 미소로 손짓하는 아침입니다. 뜨거운 불덩이가 굳어진 바위를 소금 바다가 일 년 내내 씻어 주고 하늘의 비가 또 씻어 주기를. 얼마나 정성을 다했는지 푸른 산으로 가득 만들어 놓았습니다. 살다 보니 우리의 겉모습도 마음도 메마른 용암산처럼 생명 빛을 잃어 거친 바위 같을 때가 있지만 예수님의 보혈과 하나님 아버지의 사랑이 우리를 씻어 주고 씻어 주어 다시 생명의 빛으로 가득 덮어 주셨음을 깨닫습니다. 부족하지만 기도합니다. 성령 하나님 은혜의 비가 가득 우리를 덮어 푸르른 생명의 풍성함이 넘치게 하시길 간절히 기도로 올려 드립니다. 사랑합니다. 축복합니다. 아주아주 많이요.^^♡

✉ 2020년 05월 30일

하얀 구름인지 잿빛 구름인지 까만 하늘의 바다 위로 흘러갑니다. 하늘의 아버지께 은혜를 받기 위해 한참을 항해하는 것 같습니다. 은혜를 가득 담았는지 하늘로부터 반짝이는 빗방울이 되어 차별 없이 산에도 바다에도 나무와 풀잎에도 내립니다. 그리고 하나님을 아버지라 부르고 예수님을 구주라 부르는 우리 위에 생명수가 되어 내립니다. 주님의 날, 아버지의 은혜를 사모하며 예배를 드리는 하나님 아버지의 자녀에게 은혜의 비이자 생명수가 흘러넘치길 기도로 하나님 아버지께 올려 드리겠습니다. 사랑합니다. 축복합니다. 주님께서 주시는 평안한 밤 보내세요. 여호와 샬롬.^^♡

✉ 2020년 06월 20일

까만 밤하늘의 별을 담아 창조주 하나님의 놀라운 은혜를 말씀에 담고 생수로 솟아나기 위해서 돌 위에, 나뭇잎 위에, 풀꽃 위에 방울방울 맺힌 이슬을 모읍니다. 그리고 생명수가 되신 주님의 순결한 희생처럼 내일 전할 말씀 위에 부어 생명수가 되어 모든 성도 가슴에 생명 가득하길 이 밤 깊이 엎드려 나아갑니다. 시간이 흐를수록 하나님 아버지의 그 놀라운 구원과 사랑을 한없이 작은 제 그릇에 담아 전할 수가 없기에 십자가만 바라보며 엎드립니다. 은은히 빛나는 십자가에서 주님께서 내가 다 이루었다고 전하기만 하라고 하시는 듯 사랑으로 온몸으로 덮어 주시는 것 같습니다. 은혜를 믿으며 권사님 이름을 올려 드리고 목양실로 내려갑니다. 한 주 동안도 애쓰셨습니다. 주님께서 주시는 평안한 밤 보내세요. 여호와 샬롬.^^♡

✉ 2020년 06월 25일

잿빛 구름 아래로 장맛비 안개가 내려앉은 아침입니다. 하루하루 살다 보니 어깨도 마음도 조금은 처진 하나님 아버지 자녀들에게 위로해 주려는 듯 마당에 더불어 사는 작은 이웃인 수국 나무 초록 잎사귀 위로 예쁘게 피어난 친구들이 하얀 미소, 분홍색 미소 그리고 설레게 하는 상큼한 민트 빛 미소로 인사합니다. 우리를 사랑하시는 하나님의 미소를 보는 것 같습니다. 하나님의 사랑, 예수 그리스도 십자가의 희생과 부활의 능력으로 말씀하시는 것 같습니다. "괜찮다! 내가 너를 위해 모든 대가를 다 치렀다. 네가 넘어지고 쓰러지고 실패해도 내가 널 붙들 것이며 회복시킬 것이며 네가 부끄러움을 당하지 않게 하며 너를 존귀하게 세울 것이다. 내가 널 사랑한단다. 내가 널 택하였단다. 너는 내 딸이란다. 사랑한다. 사랑한다, 내 딸아." 아멘. 그 사랑과 은혜를 믿으며 기도로 하나님 아버지께 올려 드리겠습니다. 사랑합니다. 축복합니다. 아주아주 많이요.^^♡

✉ 2020년 07월 07일

밤새 내리던 소낙비 빗방울 수를 헤아릴 수 있을까요? 아침에 새파란 푸른 하늘을 펼쳐 놓은 신비한 손길을 알 수 있을까요? 그리고 언제 그랬냐는 듯이 잿빛 구름으로 하늘을 색칠해 생명의 비로 만물을 적시는 그 놀라운 행함을 알 수 있을까요?

잠시 쏟아져 내리는 하늘을 목양실 창 너머로 바라봅니다. 은혜와 기쁨이 성령의 바람에 실려 마음에 가득 전해 주고 갑니다. 내 안에 살아 계신 하나님 아버지께서 주님의 생명으로 성령의 비로 채우십니다. 이 은혜를 권사님께 동일하게 부어 주시길 기도로 하나님 아버지께 올려 드립니다. 사랑합니다. 축복합니다. 아주 많이.~♡

🖂 2020년 07월 12일

교회 탑 십자가 위로 비가 흘러내리는 주일입니다. 2천 년 전 골고다 언덕 나무 십자가 위에서 손과 발에 못 박혀 죽으신 주님과 죽음을 확인하기 위해 창으로 찔린 옆구리에서 보혈이 흘러 우리 죄를 사하신 그날처럼 주님의 날 자녀들이 하나님 아버지 보좌 앞에 나아갑니다. 그리고 하나님 아버지께서는 예비하신 은혜와 평강과 축복을 받게 하시기 위해서 하늘 위에서 보혈의 비 은혜의 비 말씀의 비가 되어 내려 줍니다. 주님만이 우리의 구원이시며 주님만이 우리의 피난처이시며 주님만이 우리의 산성과 방패이심을 고백합니다. 오늘 그 은혜를 우리 위에 가득 덮어 주시길 기도로 하나님 아버지께 올려 드리겠습니다. 사랑합니다. 축복합니다. 아주아주 많이요.^^♡

✉ 2020년 08월 01일

장마라는 친구가 한참을 투명한 빗물과 하얀 해무로 정을 들여놓더니 이제는 폭염이라는 친구를 갑자기 소개시켜 주고 갔습니다. 어찌나 살갑게 다가오는지 새벽 미명이 밝아 오도록 온몸에 땀방울이 그치지 않게 놀다 갔습니다. 주일 말씀을 듣고 배우고 전해 온 세월이 반백 년이 다 되어 가지만 쉽지 않아 늘 주님께서 땀방울이 핏방울이 되도록 하나님 아버지의 뜻을 구하며 겟세마네 동산에 홀로 엎드리신 것처럼 따라 흉내를 내어 봅니다. 그리고 간절한 소망을 올려 드립니다. 오직 죄인을 사랑하사 구원하시기 위해서 독생자를 죽이시면서까지 우리를 향한 하나님 아버지의 사랑과 우리를 위해서 생명으로 값을 치르시고 영생의 생명을 주신 예수 그리스도의 은혜와 이 땅에서 고아처럼 버려두지 않으시고 주의 이름을 믿고 부르는 자녀들을 지키시고 능력으로 역사하시는 성령 하나님만을 전하는 자가 되도록…. 그리고 주의 날, 하나님 말씀 앞에 서실 권사님도 함께 올려 드립니다. 사랑합니다. 축복합니다. 아주아주 많이요.^^♡

✉ 2020년 08월 10일

예쁘고 화사한 그리고 진한 향의 장미, 오늘은 태풍이 되어 제주를 어루만지듯 지나갑니다. 장마와 전염병으로 상처 가득한 이 땅, 하나님 아버지께 구합니다. 주의 숨결처럼 우리를 살리시듯 이 땅을 부드럽게 어루만져 주시고 고쳐 주시길 기도합니다. 그리고 하나님 아버지께서 이 세상에서 택하신 소중한 동역자 권사님과 권사님의 가족과 삶을 주의 숨결로 새 은혜와 새 힘으로 세우시고 사랑하는 교회와 가문 위에 하나님 아버지의 복이 되게 하시길 기도합니다. 사랑합니다. 축복합니다. 아주아주 많이요.^^♡

✉ 2020년 08월 26일

바람이 세차게 야자수 나무를 흔듭니다. 늘 여름 이맘때면 유달리 비바람을 가져다주는 태풍이 친구 찾아오듯 제주에 제일 먼저 다가옵니다. 오늘도 얼마나 반가운지 제주를 하늘 가득 먹구름으로 덮더니 비바람으로 제주를 흔들고 있습니다. 이 땅에 사는 사람들이 태풍의 비바람으로 큰 피해가 나는 걸 얼마나 무서워하는지 아는지 모르는지 점점 더 세게 흔듭니다. 코로나19도 태풍도 우리가 할 수 있는 것은 조심하는 것 외에는 달리 방법이 없음이 많이 힘들지만 바람과 풍랑을 다스리시는 주님께 기도로 간절히 올려 드립니다. 하나님 아버지, 이 땅에 머무는 사람들의 탐욕과 미움과 다툼의 마음들 그리고 하늘과 땅에 가득한 먼지와 공해와 더러운 질병들을 예수 그리스도의 피로 씻어 주시고 성령의 바람으로 날려 주시길 바랍니다. 오직 우리를 구원하시고 치유하시고 은혜를 베푸시는 예수 그리스도의 이름으로 기도합니다. 아멘. 믿음으로 낫는 자녀들을 기뻐하시고 은혜와 축복을 베푸시는 하나님 아버지께 함께 나아가 태풍을 극복하고 승리하는 하루가 되길 축복합니다. 사랑합니다. 축복합니다. 여호와 샬롬.~♡

🖂 2020년 08월 30일

마지막 여름을 마음껏 누리려는 제비 한 쌍이 새파란 하늘 위로 높이 솟아오르다 눈부신 햇살과 바람을 따라 푸른 바다를 향해 날아다닙니다. 비록 사계절 중 여름의 순간들이지만 바비 태풍이 끝난 지금 마음껏 자유를 누리는 모습이 아름답게 느껴지네요. 우리도 오늘은 한 마리의 제비처럼 은혜 말씀의 하늘과 바다를 마음껏 날아올라 하나님 아버지의 아들 구세주이신 예수 그리스도께서 주시는 은혜와 진리 위에 마음껏 영혼의 자유를 누리는 주의 날이 되길 바랍니다. 사랑합니다. 축복합니다. 아주아주 많이요. 여호와 샬롬.^^♡

🖂 2020년 09월 08일

맑고 신선한 바람이 눈부신 햇살을 담아 태풍으로 상처 난 제주를 어루만져 주는 아침입니다. 잠시 눈부신 햇살을 주시는 하나님 아버지께 기도합니다. 자연을 치유하시고 회복하시듯 인생이란 큰 바다에서 폭풍과 풍랑으로 상처 입은 아버지의 자녀들에게 성령 하나님의 신령한 능력을 마가 다락방에 부어 주신 것처럼 우리에게도 부으시길 기도합니다. 염려와 근심과 닥쳐올 앞날에 두려움을 날려 버리시고 기쁨과 담대함으로 새 은혜와 새 능력을 주신 것처럼 주의 자녀들에게 부으시고 권사님께 갑절로 부으시길 간절히 기도로 하나님 아버지께 올려 드립니다. 오늘 하루도 가장 행복한 하루 보내세요. 사랑합니다. 축복합니다. 여호와 샬롬.~♡

🖂 2020년 09월 17일

하늘 아래 제주 섬에 비가 방울방울 내립니다. 한라산 백록담부터 채우더니 나무 한 그루, 바위 하나하나에 적시며 풀 한 포기에도 땅속에 있는 생명 씨앗들을 촉촉이 적셔 주는 아침입니다. 여름 내내 뜨거운 태양을 견디다 상처처럼 굳은 피부를 치료하듯 부드럽게 어루만져 씻어 주는 것 같습니다. 어느새 조금씩 예쁘고 눈부신 노란 피부가 드러납니다. 잠시 눈을 감고 기도합니다. 코로나19로 인해서 지친 마음과 살아가며 겪는 사람들의 말과 행동에 상처 입은 우리의 거칠게 굳은 마음도 십자가 위에서 흘려 주신 예수님 보혈의 비가 되어 씻어 주셔서 치유해 주시길 간구합니다. 힘드시죠? 그래도 결코 우리는 혼자가 아니랍니다. 우리를 너무 사랑하사 자기 생명을 아낌없이 주신 예수님께서 지금도 권사님과 함께하고 계심을 믿습니다. 그리고 보이지 않는 곳에서 중보하고 기도하는 분들이 있음을 잊지 마세요. 그중에 저도 중보 기도자랍니다. 오늘도 힘내세요. 파이팅.^^ 사랑합니다. 축복합니다. 여호와 샬롬.~♡

🖂 2020년 09월 27일

까만 하늘 아래 풀벌레 연주에 잠든 귤들이 무섭지 않도록 밤새 비춰 주던 달이 환한 햇살을 맞이하도록 조금 더 힘을 내어 하나님 아버지의 창조 세계를 안아 줍니다. 조금씩 조금씩 지난밤 웅크리고 있던 생명들에게 새 힘을 주는 것을 보더니 찬란한 태양이 슬그머니 집으로 돌아갑니다. 지난 한 주 교회와 가족을 섬기시느라 많이 힘드셨죠? 말씀이신 하나님을 읽고 묵상하며 잘 견디셨습니다. 오늘 살아 계신 하나님 아버지의 아들이자 우리의 구세주이신 예수 그리스도께서 따뜻하고 찬란한 은혜와 기쁨의 빛을 내려 주시리라 믿습니다. 그 은혜와 기쁨이 예배로 나아가시는 하나님의 딸 권사님에게 말씀으로 비춰 주시길 기도로 하나님 아버지께 올려 드립니다. 사랑합니다. 축복합니다. 아주아주 많이요. 여호와 샬롬.^^♡

🖂 2020년 09월 30일

지난밤 까맣게 색칠한 제주의 하늘과 바다와 땅에 동쪽 끝자락에서 비추기 시작한 깨끗하고 맑은 햇살이 조금씩 조금씩 어둠을 씻어 내어 주는 아침입니다. 코로나19 전염병과 영육에 상처 가득한 세상을 피해 수많은 이가 도피성을 찾듯 제주로 들어옵니다. 질병도 지친 마음도 잠시 쉬고자 하는 상처 입은 영혼들을 위해서 기도합니다. 우리를 고치시고 살리시고 풍성한 은혜를 주시는 예수 그리스도를 아름답게 만드신 자연에서 만나기를…. 그리고 육신을, 영혼을 피폐하게 만드는 죄에서 씻음을 받는 은혜와 죄에서 참으로 자유하게 되는 복을 찾게 되길 간절히 기도합니다. 우리를 택하사 이 땅에 하나님 아버지의 영광과 복이 되는 복음을 주신 예수님께 감사드립니다. 그리고 추석 연휴 하나님 아버지께서 부으시고 보여 주실 놀라운 은혜와 능력을 기대합니다. 행복한 추석, 기쁨의 추석, 은혜의 추석, 화평의 추석이 되길 기도하겠습니다. 사랑합니다. 축복합니다. 아주아주 많이요.~♡

🖂 2020년 10월 08일

지난밤 어둠으로 물들었던 파란 하늘과 푸른 바다를 붉게 물들이는 태양으로 눈부시게 미소 짓게 되는 아침입니다. 조금씩 조금씩 떠오르는 태양이 송악산 올레길을 걷고 있는 저에게 붉게 반짝이는 길을 내며 다가옵니다. 십자가 위에서 흘리신 그 보혈로 내 죄를 사하시고 사랑한다 하시며 다가오신 것처럼….

그분의 사랑이 붉게 물들어 옵니다. 한없이 부끄러워 고개 숙인 저를 그분이 영광의 빛으로 안아 주시듯 붉게 빛나던 바닷길이 어느새 찬란한 빛으로 새 길이 되어 홍해 위에 만들어진 구원의 길처럼 다가옵니다. 믿음으로 사는 인생이 참 쉽지 않지만 그분의 은혜와 사랑의 빛에 거할 때 더 이상 어둠이 우리를 가둬 두지 못할 것입니다. 오늘 아침 바닷길에 만난 그 빛, 주님의 빛이 우리를 감싸 주는 행복한 하루 보내시기를 기도로 하나님 아버지께 올려 드립니다. 사랑합니다. 축복합니다. 아주아주 많이요. 여호와 샬롬.^^♡

🖂 2020년 10월 15일

지난밤 어둠 속에서 외롭고 지친 영혼들에게 온몸을 태우며 위로하며 작은 빛을 주던 별들이 미소 짓는 아침입니다. 하늘과 땅이 만나는 곳에서 더 큰 빛이 세상을 깨우는 이 시간, 별들은 아직은 조금 어두운 새벽길을 떠나는 사람들에게 무섭지 않도록 외롭지 않도록 마지막 순간까지 반짝이며 자기 몸을 불태워 비추어 줍니다. 가만히 십자가를 바라봅니다. 우리를 구원해 살리기 위해서 생명이 다 타들어 가 마지막 피 한 방울, 물 한 방울까지 남김없이 주신 주님을 바라봅니다. 그 은혜와 그 사랑을 무엇으로 갚을 수가 있겠습니까?

강단에 엎드려 봅니다. 한없이 부족한 죄인이라도 쓰시라고 부끄러워 고개 숙여 기도합니다. 그리고 나를 사랑하신 그 사랑과 은혜로 부족한 종의 삶을 쓰시라 올려 드립니다. 또한 진심으로 권사님과 교회와 성도와 가족을 위해서 기도로 올려 드립니다. 하늘이 밝아 옵니다. 하나님 아버지께서 주시는 은혜와 축복과 평화의 빛이 가득 비추리라 믿습니다. 사랑합니다. 축복합니다. 여호와 샬롬.^^♡

🖂 2020년 11월 06일

새벽 기도를 드리고 예배당 계단을 내려오다 보면 초록 잎사귀 사이로 황금빛 미소로 반겨 주는 노란 친구들이 아침을 향기롭게 열어 줍니다. 뜨거운 여름에 입고 있던 초록 옷들이 하나하나 노랗게 물들어 가듯이 온통 초록색인 귤밭을 황금빛으로 물들여 놓았습니다. 상큼하고 싱그러운 노란 친구들이 예쁘게 자라 주어 너무 고마운 아침입니다. 어느새 농부들이 하나둘 노란 친구들을 소중히 따서 바구니마다 가득 채우고 있습니다. 노란 친구들이 도시의 삶에 지친 사람들에게 가을의 싱그러움과 향기로운 선물이 되어 행복을 전해 주기 위해서 새로운 하루를 시작합니다. 밝아 오는 하늘을 바라보며 기도해 봅니다. 하나님 아버지께서 우리에게 주시는 그 크신 사랑과 풍성한 은혜가 잘 익은 말씀의 열매를 전하는 귤나무처럼 되기를….

아침 공기가 차갑게 느껴집니다. 건강하고 행복한 하루 보내시기를 기도로 하나님 아버지께 올려 드립니다. 사랑합니다. 축복합니다. 여호와 샬롬.^^♡

🖂 2020년 11월 12일

하늘 가득 비추던 보름달이 눈썹만큼 얇게 하얀 미소로 삶에 지친 이들에게 수고하고 애썼다고 미소 짓는 밤입니다. 오늘 하루도 정말 애쓰셨습니다. 힘들고 지친 삶 속에서도 하나님의 자녀로 신분을 지키며 살기 위해서 몇 배로 힘드셨죠? 모두가 잊어버리는 밤이지만 하나님 아버지께서는 어둠 속에서 더욱 빛나는 별처럼 진심으로 애쓰신 삶을 보낸 권사님을 저 별보다 더 빛난 하나님 나라 어린양이신 예수 그리스도의 손에 있는 생명책에 기록하셨지요. 조금만 더 선하신 하나님을 믿고 힘내세요. 아들을 믿고 힘을 다해 살아가는 권사님을 살아 계신 하나님 아버지께서 은혜와 축복과 평강으로 갚아 주실 겁니다. 이 밤 주님께서 주시는 평화가 권사님에게 가족에게 덮어 주시길 기도합니다. 사랑합니다. 축복합니다. 여호와 샬롬.^^♡

🖂 2020년 11월 24일

새벽 예배가 끝난 후 불 꺼진 예배당 강단 위에 달려 있는 십자가에서 따뜻한 빛이 은은하게 흘러내립니다. 그리고 차가운 공기를 피해 작은 방석 위에서 웅크리고 엎드려 기도하는 저를 감싸 안아 줍니다. 내 안에 살아 역사하시는 하나님 말씀의 빛이 염려로 걱정으로 두려움으로 채워지는 어둠의 힘을 밀어내고 사랑과 은혜와 언약의 증거로 채우십니다. 이룰 수 없는 희망을 품고 사는 인생이 아니라 보지 못하는 것들, 바라는 것들을 이루시는 아버지께서 소망의 자녀들을 이 새벽에 기쁨의 빛으로 비춰 주십니다. 그리고 믿음으로 기도합니다. 제 마음 속 소중한 분의 이름을 살아 계신 하나님 아버지께 올려 드립니다. 오늘 하루 더 은혜로 축복으로 평강으로 보호하시고 인도해 주시고 권사님의 간절한 소원을 이루어 달라고 세상과 우리의 빛 되신 예수 그리스도의 이름으로 기도합니다. 날씨가 춥습니다. 건강 잘 챙기세요. 사랑합니다. 축복합니다. 아주 아주 많이요. 여호와 샬롬.^^

🖂 2020년 12월 02일

눈을 떠서 눈앞의 어둠을 손이 시리도록 차가운 물에 씻어 버리고 새벽을 나섰습니다. 예배당 계단을 걸어 올라 말씀을 전하고 권사님을 위해 기도하기로 한 약속을 하나님 아버지께 올려 드리기 위해서 십자가 앞 강단 앞에 엎드렸습니다. 간절한 마음으로 기도할 때 아버지께서 눈물로 평안으로 응답하심을 믿고 내려왔습니다. 이틀 전부터 일 년 정도 쌓아 둔 책들을 정리하는 일을 마치려 목양실에 들어갑니다. 십여 년을 저를 새롭게 만들어 주는 하나님 아버지께서 주신 공간입니다. 그리고 그동안 부족한 저를 지도하고 가르치다 헤어진 성경책들과 앞서 성령의 이끌리심으로 진리를 찾은 말씀의 책들을 하나하나 정리합니다. 형광펜, 빨간색, 파란색, 여러 색깔로 줄을 치고 중요하다고 별표까지 한 책들. 모든 게 하나님 아버지의 은혜의 증거들…. 오늘도 새 은혜를 주신 살아 계신 하나님 아버지께 그리고 죄인이 이 은혜를 받도록 생명으로 값을 치르시고 구원과 진리와 능력으로 활짝 열어 주신 예수님께 찬양과 경배와 다시 권사님의 이름을 올려 드립니다. 아침이 어둠을 밀어내리라 믿습니다.

2020년 12월 15일

까만 새벽 예배당을 오를 때마다 환하게 비추던 동그란 보름달이 보이지 않아 가만히 찾아보았습니다. 차가운 겨울바람에 추울까 봐 하얀 눈이 꽃송이가 되어 한라산 위로 조금씩 조금씩 내리더니 어느새 하얀 이불이 되어 따뜻하게 한라산과 제주를 덮고 있습니다. 강단 앞 십자가 아래에서 말씀이신 예수 그리스도의 진리로 기도합니다. 하늘 아버지, 하나님의 아들, 독생자 예수님이 십자가에서 흘리신 피가 한 방울 한 방울 흘러내려 죄로 두려움에 떠는 자녀들을 흰 눈처럼 덮으사 주홍 같이 붉은 죄를 사하여 하얗게 해 주셨음을 다시 깨달아 봅니다. 그리고 더 간절히 기도합니다. 보좌에 계신 하나님 아버지의 한없는 사랑과 우리를 끝까지 구원하시고 지키시는 아들의 은혜가 성령 하나님께서 주시는 평화와 능력으로 한 해 동안 세상의 시련과 환란과 코로나19 전염병으로 지친 모든 주의 자녀를 치유하시고 은혜와 주의 복을 주시길 기도합니다. 그리고 사랑하는 권사님과 가족과 섬기시는 교회 위에 갑절로 더 내려 주시길 기도로 하나님 아버지께 올려 드립니다. 힘내세요. 사랑합니다. 여호와 샬롬.^^

✉ 2020년 12월 22일

어두움이 짙을수록 작은 별 하나하나 더 빛나 보이듯이 하나님 아버지께서 하늘에서 하강하여 보실 때 죄악 가운데 질병과 기근과 재앙이 가득한 시대에 믿음을 가진 자가 얼마나 아름답게 빛나 보일까요.^^♡

모든 방송에서, 모든 사람의 입에서, 놀라고 무섭고 두려운 이야기가 가득 들려오는 세상의 소리에서, 사람들의 마음과 모습이 근심과 걱정과 염려와 두려움으로 차갑게 얼어붙는 것 같습니다. 얼어붙은 땅과 바다를 녹일 수 있는 것은 따뜻하게 비추는 태양밖에 없죠! 그리고 우리의 얼어붙은 마음과 생각과 어려움을 녹이고 푸른 초장으로 쉴 만한 물가로 구원하시는 분은 태양보다 더 뜨겁게 우리를 사랑하시는 참빛이신 예수 그리스도밖에 없죠! 그 빛이 말씀으로 언약과 구원으로 우리에게 오셨습니다. 그 따뜻한 빛이 가득 마음에 비쳐 은혜와 축복과 평화가 가득한 하루를 보내시길 기도로 하나님 아버지께 올려 드리겠습니다. 사랑합니다. 축복합니다. 여호와 샬롬, 여호와 라파, 여호와 닛시, 여호와 이레, 여호와 삼마의 약속이 이루어질 것입니다.

🖂 2020년 12월 30일

하얀 눈이 바람결에 꽃잎처럼 흩날리는 오후, 모두가 얼어붙어 꼼짝하지 않는데 눈은 파란 하늘 구름 사이로 춤을 추며 자유롭게 마음껏 날아다닙니다. 코로나19로 원치 않게 자가 격리 중인 우리를 대신해 한라산 백록담도 최남단 마라도도 마음껏 구경하는 오후입니다. 곧 하나님 아버지께서 재앙을 멈추는 날, 하나님 아버지께서 베푸신 은혜의 바람 위로 마음껏 날아다니는 그날을 기대하며 기도합니다. 그날까지 건강하셔야 해요. 특히 생명은 마음에서 난다고 말씀하신 거 아시죠? 말씀의 반석에서 그날을 위하여 파이팅입니다. 여호와 샬롬, 여호와 라파, 여호와 닛시, 여호와 이레, 여호와 삼마되시는 예수 그리스도의 이름으로 축복합니다.

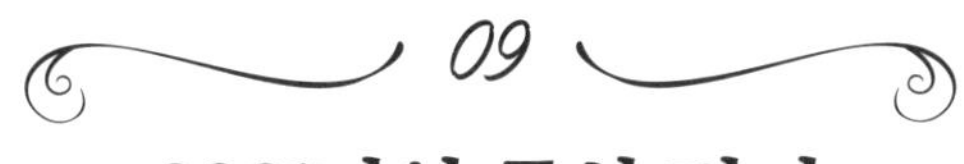

2021년의 묵상 편지

2021년 01월 09일

한파와 폭설로 눈이 나뭇가지마다 까만 돌담마다 교회 마당에 쌓이는 며칠 동안 버릇이 생긴 것 같습니다. 한파 추위에 떠실 어르신들이 걱정되어 온도를 자꾸 확인하게 됩니다. 교회에 기도하러 예배당 계단을 오를 때마다 혹 기도하러 오신 분들이 눈길에 넘어질까 바람 소리 너머 차 소리에 자주 창문을 열어 확인해 봅니다. 세상이 온통 하얀 눈에 물든 것 같습니다. 잠시 눈을 감고 생각해 봅니다. 다시 볼 초록 오름과 올레길의 푸름이 새싹 돋듯 피어나길 그리고 이 추위보다 더 시리도록 아픈 시련과 환란을 겪는 이들의 삶이 속히 지나가도록 하나님의 아들 예수 그리스도께서 아픔과 상처와 두려움으로 떨던 그날들이 기억조차 나지 않게 은혜와 기쁨으로, 따뜻한 성령의 바람으로, 불어 주시길 기도합니다. 하늘의 기도로, 땅으로 내려진 눈물로, 소중하고 아름다운 열매가 가득하게 하시길 기도로 까만 밤으로 물들어 가는 하늘에 새겨 놓아 봅니다. 많이 춥습니다. 따뜻하게 지내고 건강하세요. 그리고 하나님 아버지께서 주의 날에 주실 은혜와 축복과 평화가 가득하길 기도합니다. 사랑합니다. 축복합니다.

✉ 2021년 01월 13일

하얀 눈길이 보입니다.

어느 날 갑자기 찾아온 반갑지 않은 손님 코로나19로 2020년 한 해도 그리고 2021년 새해도 거리마다 가정마다 교회마다 사람들의 입가에 하얀 꽃들이 피었습니다. 서로의 피부도 언어도 다르지만 세계 모든 나라의 어린아이부터 어른까지 하얀 꽃, 까만 꽃, 노란 꽃, 형형색색 꽃들이 피었습니다.

사람들에게 피어난 하얀 꽃들이 부러웠는지 푸르고 초록색인 백록담에서 피어난 하얀 꽃들이 어느새 한라산에 하얗게 꽃밭을 이루었습니다. 조금 손이 시릴 만큼 차가운 바람을 타고 물찻오름에도 사려니숲길 위에도 먼 바다로 향해 달려가는 새별오름도 군산도 산방산도 송악산에도 하얀 꽃들이 피었습니다. 그리고 마을 사람들에게 일 년 내내 초록 잎사귀 사이로 인사하던 노란 귤들 위에도 하얀 꽃들이 피었습니다. 사람도 세상도 모두가 단잠에 빠져 있는 지금 하루를 시작해 봅니다. 창조주 하나님께 한 분, 한 분 소중한 이름을 부르며 제게 부탁하신 간절한 마음의 소원들을 올려 드리고 예배당 계단을 내려올 때 하얀 달빛에 물든 하얀 귤꽃들이 환하게 미소 지으며 인사를 합니다.

나도 몰래 노란 귤들 위에 피어난 하얀 꽃들을 만져 봅니다. 손끝에 느껴지는 시원한 감촉이 눈도 마음도 더욱 맑게 해 주는 것 같습니다.

한참을 눈으로 인사를 나누는 동안 어느새 까만 어둠을 밀어내고 눈부신 태양이 빛으로 세상을 아름답게 깨워 놓습니다. 하얀 솜사탕을 올려놓은 까만 돌담길을 따라 걸어 봅니다. 이스라엘 백성들의 집 문설주에 어린양의 피를 바르며 하나님의 긍휼과 사랑과 은혜로 죽음이 지나가게 하신 것처럼, 마을에 사는 하나님의 자녀들에게 그리고 앞으로 하나님의 자녀들이 될 마을 사람들에게 하나님의 아들 예수 그리스도의 보혈로 덮어 코로나19의 질병으로부터 보호해 주시기를 기도하며 걸어 봅니다. 차가운 바람이 어느새 햇살에 안기어 따뜻하게 만져 주고 갑니다.

한참을 걷다 보니 오랫동안 곁에서 친구를 해 주던 월랑봉이 다가와 아침 인사를 합니다. 오랜 세월을 먼저 이곳에 자리 잡고 살다가 뒤늦게 살기 위해 들어온 지친 사람들의 든든한 친구가 되어 준 월랑봉. 친구 제주 바다의 거친 바람도 막아 주고 무더운 여름 뜨거운 열기도 식혀 주었던 월랑봉이 눈앞에 마주 서서 인사합니다. 긴 시간을 농사로 목축으로 마을 사람들의 생계를 위해 자기 몸을 아낌없이 주어 많이 상해 있지만 여전히 말없이 함께해 주었던 정말 소중한 친구입니다.

바람결에 눈웃음으로 미소를 보내어 고마움을 전해 봅니다. 조금씩 다가가다 보니 그동안 숲에 가려 보이지 않던 길들이 보입니다. 하얗게 내린 눈들이 그동안 감춰진 길들에 하얗게 색칠을 해 놓아 정상까지 선명하게 길을 그려 놓았습니다. 그리고 그 길을 통해 하늘 아버지께 이르도록 순결한 예수 그리스도의 보혈로 그려 놓은 생명의 길도 보입니다. 살아가느라 까맣게 타들어 간 우리 인생과 까만 숲길에 하얀 눈이 덮일 때만 보이는 길처럼 하나님의 아들 예수 그리스도의 십자가 보혈의 사랑이 덮일 때만 보이는 생명 길이 보입니다. 아직은 겨울에 느끼는 추위보다 코로나19로 겪는 추위가 더 매섭고 아픈 현실이지만 기도합니다. 살아 계신 하나님의 아들 예수 그리스도를 구세주로 믿는 자녀들에게 이 모든 질병의 고통과 죽음의 두려움에서 보호하시고 건져 주시길 기도합니다. 까만 돌담에 올려진 눈을 조금 떠서 입 안에 넣어 봅니다. 속이 시리도록 맑게 채워집니다. 성령 하나님께서 우리의 영혼과 몸을 깨끗하게 씻어 주시길 기도 바람에 실어 높은 하늘로 올려 드립니다. 오늘따라 파란 하늘이 더욱 아름답게 보입니다. 많이 많이 사랑합니다.^^

🖂 2021년 01월 26일

까만 새벽 하나님 아버지께서 이 땅에 감춰 두신 보배, 기도하는 자녀들을 볼 수 있음이 얼마나 큰 행복인지 감사하는 새벽 아침입니다. 새벽 시간에 간절히 기도하는 자녀들과 그들이 중보하는 많은 이름과 제목이 기도가 되어 하늘로 올라갈 때 기쁨의 미소를 짓는 하나님 아버지를 봅니다. 지난밤부터 조금씩 내리던 비가 하늘도 공기도 나무, 풀, 돌도 씻어 놓아서인지 맑고 깨끗하게 빛나 보입니다. 어둠이 물러가고 환한 아침을 여는 이 새벽, 살아 계신 하나님 아버지께 올려 드린 중보 기도가 열납되고 성령의 비가 되어 우리의 염려, 근심, 걱정과 두려움을 깨끗하게 씻어 주시고 예수 그리스도를 믿고 아들의 이름으로 기도하는 우리에게 은혜와 축복과 평화의 열매가 가득 맺히기를 기도합니다. 권사님 많이 많이 사랑하고 축복합니다. 여호와 샬롬, 여호와 라파, 여호와 닛시, 여호와 이레, 여호와 삼마되시는 예수 그리스도 이름으로.^^♡

🖂 2021년 01월 29일

교회의 십자가 하늘 위로 하얀 눈이 내립니다. 하얀 눈이 셀 수 없을 만큼 내립니다. 하얀 눈이 내린 곳마다 하얗게 색칠해 놓은 것 같습니다. 하늘에서 은혜가 내립니다. 하나님 아버지의 아들 구세주이신 예수 그리스도를 믿는 자녀들에게 은혜가 내립니다. 셀 수 없는 은혜가 머리에도 어깨에도 마음에도 쌓여 갑니다. 간절히 하얀 눈을 맞으며 기도합니다. 쌓인 하얀 눈이 녹아내려 봄 새싹을 피우듯 하나님 아버지의 아들을 믿는 자녀들에게 은혜가 녹아내려 기쁨과 축복의 강이 되어 풍성한 행복이 가득 피우길 기도합니다. 하얀 눈이 얼굴에 녹아드는 것 같습니다. 은혜가 녹아드는 것 같습니다. 그분의 사랑도 함께 녹아드는 것 같습니다. 오늘 하루도 가장 행복한 하루 보내세요. 아주아주 많이 예수 그리스도의 이름으로 사랑합니다. 축복합니다.^^♡

🖂 2021년 02월 04일

칠흑같이 어두운 밤, 외롭고 지친 영혼들에게 환한 위로의 빛이 되어 밝혀 주며 애쓰던 어제의 달이 조금은 힘들었는지 구름에 쉬고 있는지 보이지 않습니다. 맑고 깨끗한 빗방울들이 입춘을 지나 봄을 꽃피우는 듯 하나둘 하늘에서 내립니다. 구름에서 내리는 비인 줄 알았더니 힘들고 지친 영혼들을 위해서 생명의 피를 십자가에서 흘리신 우리 주님처럼 밝아 오는 태양이 오기까지 마지막까지 눈물로 우리 마음을 씻어 위로합니다. 작은 풀 위에도 앙상한 가지 끝에도 빠지지 않고 새봄을 피우기 위해서 자신을 다 내어 주는 것 같습니다. 살다 보면 부모님이, 아내가, 남편이 그리고 세월이 자란 자녀들이 힘이 되는 것처럼 보이지만 어느덧 물이 흘러가듯 함께 늙어 가는 게 우리의 삶이죠. 하지만 돌이켜 보면 우리와 가족이 하루하루 맞이했던 날들이 하나님 아버지의 은혜였음을 알게 되죠. 오늘도 여전히 생명을 다해 사랑하신 하나님 아버지의 눈물이, 주님의 보혈이, 우리를 다시 회복시키시고 세상에서 하나님 아버지의 기쁨과 축복이 영광되게 하실 겁니다.

🖂 2021년 02월 08일

붉은 태양이 타오르고 서쪽 하늘 구름도 타들어 갑니다. 조금은 추워진 밤이 다가오기 전, 사랑하는 사람을 위해 마지막까지 온기를 주려 힘을 다해 바다 끝자락까지 태우더니 이제 까만 바다 너머로 들어가 버렸습니다. 그리고 깊은 밤이 지나 새벽에 다시 따뜻한 빛을 주기 위해 창조주 하나님의 선한 능력이 채워지길 기다리고 있을 겁니다. 소중한 가족을 위해 오늘 하루, 온종일 애쓰셨습니다. 저녁 맛있게 드세요. 그리고 내일을 위해 다시 준비하시는 권사님에게 하나님 아버지께서 은혜와 능력을 충만하게 부으시길 기도 하겠습니다. 힘 내시구요. 사랑합니다. 아주아주 많이요. 여호와 샬롬, 여호와 라파, 여호와 닛시, 여호와 이레, 여호와 삼마되시는 예수 그리스도의 이름으로 축복합니다.^^♡

✉ 2021년 02월 17일

차가운 바람에 실린 눈꽃들이 까만 하늘에서 내립니다. 하나님 아버지를 향한 찬양을 올려 드리는 하얀 가운을 입은 찬양대의 아름다운 모습도 감사와 경배로 드리는 율동도 볼 수 없는 요즘, 살아 계신 하나님 아버지께서 우리에게 보내는 눈꽃들이 찬양의 바람 소리에 맞춰 춤을 추며 하늘에서 내려옵니다. 십자가 불빛 앞에서, 가로등 불빛 앞에서 하얀 드레스가 더 아름답게 선을 그리며 내려옵니다. 조금 많이 추운 새벽이지만 하늘에 계신 아버지께 기도를 올려 드립니다. 그리고 권사님을 위한 기도 응답이 저 눈처럼 아름답게 춤을 추며 내려오길 간절히 기도합니다. 날씨가 춥습니다. 건강 잘 챙기시구요. 저의 기도와 하나님 아버지 사랑의 응답으로 따뜻한 하루를 보내시길 기도로 살아 계신 하나님 아버지께 올려 드리겠습니다. 사랑합니다. 여호와 샬롬, 여호와 라파, 여호와 닛시, 여호와 이레, 여호와 삼마되시는 예수 그리스도의 이름으로 축복합니다.^^♡

🖂 2021년 02월 26일

하늘에서 맑고 투명한 비가 내립니다. 길가의 차량과 간판들, 가로등 불빛에 따라 푸른 비, 옅은 오렌지 비, 하얀 비가 되어 내립니다. 오늘은 오랜 시간 홀로 네 명의 아들을 믿음의 자녀로 온 삶을 다해 키우시고 지금도 까만 머리가 하얗게 되도록 미국과 동해에 사는 두 아들과 제주에 사는 목사 아들이 섬기는 ○○교회를 위해서 간절히 기도하시는 어머니의 기도 소리와 하나님 아버지의 사랑과 은혜에 감격하며 함께 기도로 하루를 엽니다. 그리고 부산에 내리는 이 비가 성령님의 부으시는 은혜와 축복과 평강이 되어 권사님께도 흘러넘치길 기도합니다. 잠시 떨어져 있지만 제 마음과 삶이 머무는 곳인 제주, 저의 모든 곳이 되는 ○○교회와 권사님께서 섬기시는 말씀의 강단을 하나님 아버지께서 권사님과 듣는 모든 성도에게 믿음과 은혜를 가득 부으시길 기도로 하나님 아버지께 올려 드렸습니다. 감사합니다. 사랑합니다. 축복합니다. 오늘도 살아 계신 하나님 아버지께서 더 큰 은혜로 함께하시며 여호와 삼마되시는 예수 그리스도의 이름으로.^^♡

🖂 2021년 02월 26일

목사님, 너무너무 감사합니다. 보내 주신 기도의 메시지가 저에게 얼마나 큰 위로와 힘이 되는지 모릅니다. 기도문을 여는 순간 매번 느끼지만 마음이 떨리고 행복합니다.

목사님, 저에게 이런 행복과 기쁨을 주심에 감사합니다.

🖂 2021년 03월 02일

차가운 바람이 나뭇가지를 흔들고 예배당으로 오르는 성도들도 흔드는 까만 새벽, 그럼에도 불구하고 말씀과 기도로 살아 계신 하나님 아버지께서 함께하시는 믿음으로 하루를 시작합니다. 사랑하는 하나님 아버지의 자녀들, 한 사람, 한 가정 그리고 권사님께 은혜와 축복과 평강을 베푸시길 원하시는 하나님 아버지께 주의 이름으로 올려 드렸습니다. 예배당 계단 하나하나 내려갈 때 하얀 불꽃이 세찬 바람 속에서 꺼지지 않고 까만 어둠을 밝혀 주기에 다가가 보았습니다. 어둠 속에 빛나는 하얀 불꽃은 갓 꽃망울이 피어난 하얀 목련이었습니다. 까만 계곡 같은 어둠 속, 떨기나무에서 타오르는 불꽃 앞에 멈춰 선 모세처럼 가로등 불빛에 하얀 불꽃으로 손짓하는 목련 앞에 잠시 멈추어 서 봅니다. 마음에 주시는 감동으로 고백합니다. 80년의 방황을 마치고 새롭게 삶을 시작하는 모세를 만나 주신 것처럼 주님을 위해 살길 원하는 권사님께 오늘 하나님 아버지께서 은혜와 축복, 평강을 베풀어 주시리라 믿으며 조금 더 기도해 봅니다. 힘내시구요. 사랑합니다. 축복합니다.

✉ 2021년 03월 14일

어제보다 따뜻한 바람결에 이끌려 걸어 봅니다. 하늘인지 바다인지 모를 만큼 붙어 있는 초록 바다와 파란 하늘, 밝아 오는 햇살에 마주한 두 친구가 따뜻하게 미소를 지어 줍니다. 봄이 정말 왔을까. 두 친구에게 물어보고 싶은 까닭에 가까이 다가가 보았습니다. 그때 해안 아래에서 하늘로 마음껏 날아오르는 제비들이 따뜻한 봄이 왔다고 힘찬 날갯짓으로 알려 줍니다. 2천 년 전 하나님 아버지께서는 세상에 은혜의 봄이 왔음을 알려 주셨습니다. 하나님 아버지께서 태초에 알려 주신 약속들과 말씀이 육신이 되어 이 땅에 오셨습니다. 죄악의 시리도록 아픈 고통의 겨울 땅을 따뜻한 은혜의 땅으로 바꾸어 놓으셨습니다. 그분 보혈의 비가 얼어붙은 땅과 마음을 녹여 주셨습니다. 그리고 오늘도 삶에 지치고 상처받고 얼어붙은 자녀들의 마음을 녹여 주시고 치유하시고 회복시켜 주시리라 믿습니다. 생명과 은혜를 사모하며 나아오는 우리에게 하나님 아버지께서 예배를 통하여 은혜 위에 은혜로 풍성하게 내려 주시리라 믿고 기도합니다. 사랑합니다. 축복합니다. 여호와 샬롬, 여호와 라파, 여호와 닛시, 여호와 이레, 여호와 삼마되시는 예수 그리스도의 이름으로.^^♡

✉ 2021년 04월 03일

제주의 봄바람이 하얀 옷을 입은 벚나무를 흔듭니다. 가지마다 하얀 꽃잎들이 춤을 추며 나부낍니다. 가지 끝마다 자세히 보니 꽃잎이 떨어진 곳에 빨갛게 생채기가 보입니다. 채찍에 찢기고 못 박히고 창에 찔린 주님의 상처에서 빨간 피가 십자가를 적시며 흘러내리는 것처럼…. 부드럽게 미소로 빛나던 하나님 아버지 아들의 얼굴도 가시관에 찔려 빨갛게 물들었습니다. 그 피가 우리를 죄에서 살리셨죠! 그분의 사랑이 우리를 다시 살게 하셨고 하나님 아버지의 사랑이 되게 하셨습니다. 하얀 벚꽃이 떨어져 나간 곳을 세찬 비바람이 씻어 줍니다. 아마 곧 제주의 벚나무들이 초록 잎사귀로 생명으로 푸르게 빛나게 될 것입니다. 우리도 죄와 상처를 씻어 주신 주님의 그 피로, 주님의 생명 빛으로 빛나는 밤입니다. 그분의 사랑이 부활절 예배로 나아가는 우리를 덮으시고 새 은혜와 새 능력을 주실 것을 믿습니다. 믿음으로만 받는 놀라운 선물을 가득 받으시길 비 오는 밤에 기도로 하나님 아버지께 올려 드리겠습니다. 사랑합니다. 축복합니다. 여호와 샬롬, 여호와 라파, 여호와 닛시, 여호와 이레, 여호와 삼마되시는 예수 그리스도의 이름으로 축복합니다.^^

✉ 2021년 04월 10일

산방산 아래 유채꽃 바다와 일렁이는 에메랄드 바다 그리고 푸르른 하늘 바다가 제주에 쉼을 얻고자 하는 이들의 눈마다 보이고 그들의 얼굴에 예쁜 미소의 꽃이 피었습니다. 짧은 여정 속에서 얻는 작은 행복들이 더 풍성해지길 바라며 제주 봄바람에 기도를 실어 하늘에 올려 보내어 봅니다. 그 기도를 아시는지 파란 하늘 위로 주님 닮은 구름 하나가 환한 미소를 지어 줍니다. 자연이 주는 행복함보다 하나님 아버지께서 마음으로 더 큰 사랑과 은혜를 주시길 기도합니다. 잠시 자연이 주는 기쁨보다 영원한 기쁨을 저들의 마음에 담아 주시기를 기도합니다. 부활 후 첫 주일을 앞두고 설교 본문을 묵상하며 기도합니다. 부활하신 주님을 처음 만난 사람이 왜 막달라 마리아인지….

내일 주일은 제가 가장 먼저 주님을 만나 우리를 향한 기쁜 소식을 전하고 싶습니다. 더 간절히 살아 계신 하나님 아버지께 기도하며 권사님도 함께 올려 드리겠습니다. 건강하시구요. 사랑합니다. 아주아주 많이요. 여호와 샬롬, 여호와 라파, 여호와 닛시, 여호와 이레, 여호와 삼마되시는 예수 그리스도의 이름으로 축복합니다. ^^

✉ 2021년 04월 15일

새벽에 특별한 은혜를 부으시는 하나님 아버지께 중보의 간구로 엎드려 기도로 올려 드렸습니다. 어둠에 가려져 있던 파란 하늘과 초록 귤나무 잎이 반짝반짝 미소로 인사합니다. 그리고 세상이 줄 수 없는 기쁨과 평안이 밀려와 하늘 아버지를 바라보며 미소를 지어 보았습니다. 어제 초등학생 딸이 TV를 보며 정말 즐겁게 깔깔거리며 웃음을 짓는 행복한 모습을 보았습니다. 주목하여 보았습니다. 한참을 보아도 왜 저리 즐거운지를 모르겠습니다. 그리고 밤늦게 새벽 말씀을 묵상하며 은혜로 기쁨으로 저도 모르게 미소를 짓는 저를 발견하고 나서야 알게 되었습니다. 아이가 보는 기쁨을 저도 말씀에서 보았습니다. 세상이 줄 수 없는 참기쁨과 행복을 보았습니다. 잠시 목양실에서 조금 더 기도해 봅니다. 많은 어려움이 폭풍처럼 밀려와도 우리 마음에, 삶에, 현실에 풍랑을 잔잔하게 하실 분은 살아 계신 하나님 아버지의 아들 우리의 구세주이신 예수 그리스도밖에 없음을….

한없이 부족하지만 하나님 아버지의 은혜로 기쁨과 행복의 감사함으로 살아가는 작은 자가 권사님을 사랑합니다. 아주아주 많이요.

🖂 2021년 04월 26일

눈부신 봄 햇살이 하늘 가득 쏟아져 내리더니 귤밭의 초록 잎사귀 위에 사뿐히 내려앉았습니다. 하늘하늘 햇살에 흔들리더니 어느새 하얀 귤꽃이 피었습니다. 상큼하고 달콤한 귤꽃 향기가 바람에 실려 교회 마당과 까만 돌담을 넘어 마을을 가득 물들여 놓았습니다. 사계절 내내 제주를 물들여 놓는 수많은 꽃이 향기를 자랑하지만 귤꽃 향기만큼 좋은 향기는 없는 것 같습니다. 향기에 취해 한참을 파란 하늘과 구름을 바라보다 기도합니다. 살아가는 동안 가장 좋은 향기인 예수 그리스도의 향기가 제 안, 제가 사랑하고 섬기는 ○○교회, 마을, 서귀포 그리고 제주도를 가득 물들였으면 좋겠습니다. 오늘은 조금 세게 바람이 부는 제주이지만 그래도 좋습니다. 그리고 권사님이 정말 좋습니다. 사랑합니다. 축복합니다. 아주아주 많이요. 여호와 샬롬.^^♡

🖂 2021년 05월 04일

예배당 십자가 불빛 아래 기도로 하루를 시작하는 복을 누가 알까요. 오랜 세월 살아가는 동안 만나게 하신 이들과 하나님 아버지께서 사랑하시며 축복하시는 교인들과 어린아이들부터 연로하신 어른들에 이르시기까지 그 이름을 하나님 아버지께 올려 드리는 기쁨을 누가 알까요. 육지와 해외에 떨어져 사는 성도들의 가족을 위해 기도하는 기쁨을 누가 알까요. 무엇보다 말씀을 통하여 주의 음성을 듣는 그 기쁨을 누가 알까요. 오늘 이 새벽, 빛나는 햇살이 가득 어둡던 세상을 밝혀 주듯 우리 모두에게 예수 그리스도 진리의 빛으로 사고, 질병, 재앙, 전염병으로 발생하는 고통과 아픔들이 치유되고 회복되어 승리하신 주님과 기쁨의 빛이 가득한 하루 보내시길 기도로 하나님 아버지께 올려 드립니다. 그리고 조금 더 권사님을 위해 기도로 살아 계신 하나님 아버지께 올려 드리겠습니다. 사랑합니다. 축복합니다. 여호와 샬롬, 여호와 라파, 여호와 닛시, 여호와 이레, 여호와 삼마되시는 예수 그리스도의 이름으로.^^♡

✉ 2021년 05월 10일

오늘 제주의 회색 하늘에 제비 한 마리가 파란 바다 위를 날아오릅니다. 조금 더 힘을 내어 날아오르면 눈이 시리도록 파란 하늘을 보게 될 거라는 걸 아는지 힘껏 날아오릅니다. 새로운 한 주, 새로운 하루, 왠지 마음도 몸도 힘이 없게 느껴지는 월요일입니다. 마음을 다지고 기합을 넣어 외쳐도 쉽지 않은 하루입니다. 조금 무거운 삶에서 떠나 아름드리 초록 편백 숲길을 걸어 탁 트인 바다를 바라보며 자신도 모르게 미소 짓고 싶지만 떠날 수 없는 현실….

하지만 우리는 세상 사람과 다르게 새 힘을 얻을 수 있습니다. 왜냐하면 여호와를 경외하면 독수리가 날갯짓하며 솟아오르는 것 같은 새 힘을 주시기 때문입니다.^^♡ 그분의 약속과 오직 말씀이신 하나님, 예수 그리스도만 믿을게요! 권사님, 파이팅! 저도 기도로 팍팍 밀어줄게요. 사랑하고 축복합니다. 아주아주 많이요. 여호와 샬롬.^^♡

✉ 2021년 05월 11일

산방산이 구름 모자를 쓰면 비가 내리더니 오늘도 비가 내립니다. 이 비가 황사로 덮인 제주도와 짊어진 무거운 짐과 삶으로 지친 사람들의 마음을 치료하려는 듯이 내립니다. 나그네들이 만지고 밟고 간 상처 난 꽃들도 나무도 올레길도 빗물에 치유를 받는 것처럼 소중한 분께 위로와 치유로 행복해지는 밤이 되길 소망해 봅니다. 캄캄해진 하늘을 바라보며 기도합니다. 성령의 비가 내려 우리의 마음도 육신의 지침도 깨끗하게 씻어 주시고 연초록 새싹이 피듯 새 은혜로 피워 주시길 기도로 살아 계신 하나님 아버지께 올려 드립니다. 애쓰셨습니다. 수고하신 모든 일에 하나님 아버지께서 좋은 열매를 맺게 하실 것입니다. 힘내시구요. 많이 많이 사랑하고 축복합니다. 아주아주 많이요.^^♡

✉ 2021년 05월 12일

보내 주신 메시지에서 많은 위로와 힘을 받습니다. 늘 감사드리고 건강하셔요. 고맙습니다. 많~~이요.

✉ 2021년 05월 12일

주님께서 은혜를 갑절로 베풀어 주시길 기도하겠습니다.

✉ 2021년 05월 12일

감사, 감사합니다.

✉ 2021년 05월 20일

하나님 아버지의 사랑과 은혜로 택함 받은 존귀한 딸이신 권사님을 하나님과 제가 진심으로 사랑하고 축복하는 거 알지요. 믿음으로 순종하며 살고자 하는 딸의 착한 마음을 하나님 아버지도 아시지요. 힘내시구요. 어제보다 오늘 그리고 내일 조금 더 큰 사랑의 은혜와 축복과 평강을 베풀어 주실 겁니다. 어제와 오늘 새벽도 그리고 살아가는 날 동안 계속 기도할게요. 주님께서 오늘도 살아 계신 하나님 아버지께서 사랑하는 딸과 함께하실 겁니다.^^♡

✉ 2021년 06월 03일

하얀 구름, 하얀 바다 안개가 산방산과 마을을 안아 주는 듯 감싸 주는 오후입니다. 살아가면서 삶에 지친 사람들, 말할 수 없는 고민과 아픔을 가진 사람들, 조그마한 답을 얻기 위해 제주를 걷는 사람들의 발길을 무조건 받아 주는 제주가 좋습니다. 사랑스럽습니다. 그리고 상하고 지치고 아픈 심령을 무조건 받아 주고 위로하고 축복하시는 하나님 아버지가 너무 좋습니다. 한이 없는 그 사랑, 그 은혜를 담아 하나님 아버지의 자녀들을 조금이나마 위로하고 쉼을 주는 이름 없는 주의 종이 되고 싶은 마음이 드는 오후입니다. 주님의 사랑과 섬김의 마음을 따라 걸어가는 하나님 아버지의 소중한 권사님, 독수리가 힘차게 날아오르는 것처럼 성령 하나님께서 새 힘을 주시도록 기도로 하나님 아버지께 올려 드리겠습니다. 사랑합니다. 축복합니다. 여호와 샬롬, 여호와 라파, 여호와 닛시, 여호와 이레, 여호와 삼마되시는 예수 그리스도의 이름으로 축복합니다.^^♡

✉ 2021년 06월 15일

쏟아지는 빗방울들이 창문을 두드립니다. 점점 더 세게 두드립니다. 지붕에도 잔디밭에도 까만 돌담 너머에 초록 구슬처럼 맺힌 귤도 뜨거운 햇살에 더위를 씻어 주려는 듯 시원한 장

대비가 내립니다. 잠시 책 속의 걸어가는 글자를 따라서 읽다 지친 눈을 빗물에 시원하게 씻어 봅니다. 문득 지친 세상도 지친 눈도 시원하게 씻어 주는데…. 세상 가운데 빛으로 소금으로 소명을 다하기 위해 최선을 다하는 하나님 아버지 자녀들의 지친 삶과 마음은 무엇으로 시원하게 씻을까 생각해 봅니다. 창가에 흘러내리는 빗물처럼 2천 년 전 십자가에 매달리신 주님의 손과 발, 옆구리에서 흘러내리는 주님의 보혈이 우리의 죄와 삶의 고통과 아픔을 씻어 주셨음을…. 감사함이 눈물이 되어 흘러내립니다. 잠시 말씀 위에 손을 얹고 힘을 다하는 권사님께도 위로와 힘을 주시길 기도합니다. 사랑합니다. 축복합니다. 여호와 샬롬.^^♡

✉ 2021년 06월 23일

하늘빛이 머리부터 발끝까지 감싸 주는 새벽 아침입니다. 하나님 아버지의 은혜와 긍휼이 아니고서는 살 수 없는 연약한 우리를 모든 악에서 질병에서 지키시고 세상에 있는 하나님 아버지의 자녀들에게 은혜와 축복과 평강을 베풀어 주시길 간절히 기도하며 예배당 끝 십자가에 비친 빛을 바라보며 하늘을 봅니다. 제주의 바람에 실려 평화가 하늘로부터 내려와 숨을 들이켤 때마다 가슴속에 마음속에 채워지는 아침입니다. 살아 계신 하나님 아버지의 능력이신 예수 그리스도의 영이시며 진리의 영이신 성령 하나님께서 충만하게 내주하심을 주님

의 말씀을 의지하여 믿는 아침입니다. 주의 영이신 성령 하나님께 속삭입니다. 오늘 기도로 올려 드린 이름이자 소중한 분인 권사님과 가족을 지키시고 동행하시길 부탁드려 봅니다. 오늘 살아 계신 삼위일체이신 하나님과 제가 함께하겠습니다. 힘내세요. 사랑합니다. 축복합니다. 아주아주 많이요. 여호와 샬롬.^^♡

🖂 2021년 07월 06일

우리 안에 내주하신 하나님 아버지의 아들 예수 그리스도께서 목숨으로 성취하신 약속의 말씀을 성령 하나님께서 생각나게 하시고 삶의 상황마다 진리로 영생의 길로 인도하심을 믿고 말씀에 의지하여 진심으로 기도로 올려 드렸습니다. 비록 한없이 부족한 목사이지만 말씀으로 새벽을 깨우며 영으로 기도할 수 있는 은혜의 직분을 주셔서 오늘도 우리에게 주신 축복의 능력이 되는 믿음의 기도로 소중한 분의 이름을 올려 드립니다. 오늘 장맛비로 길과 밭과 오름마다 더 풍성한 꽃과 잎사귀로 가득한 제주입니다. 귤나무에도 초록 구슬 열매가 가득 맺혔습니다. 겨자씨만 한 믿음이지만 믿습니다. 살아 계신 하나님 아버지께서 믿음으로 씨를 뿌리고 눈물로 기도하시는 권사님께 기쁨으로 단을 거두게 하시리라 믿습니다. 사랑합니다. 축복합니다. 아주아주 많이요. 여호와 샬롬, 여호와 라파, 여호와 닛시, 여호와 이레, 여호와 삼마.^^♡

🖂 2021년 07월 13일

긴 장마 구름 사이로 눈부신 햇살을 맞이하는 아침입니다. 수국이 얼마 남지 않은 수명으로 끝까지 환한 미소를 보내며 초록 잎사귀 손을 흔들어 아침 인사를 건넵니다. 일 년을 기다린 후에 그토록 반가운 미소로 날마다 하루의 시작을 함께하더니 어느새 다시 집으로 돌아가려 합니다. 많이 아쉽지만 보내야 할 때가 되어 가는 것 같습니다. 새벽 예배 말씀을 전하기 위해 문을 열고 나갈 때마다 환하게 미소로 격려해 주고 하루를 마치고 들어올 때마다 가로등 불빛에 수고하고 애썼다며 따뜻하게 미소로 맞이해 주던 좋은 벗이었습니다. 피기 위해 애쓴 것에 비해 너무 짧은 생이지만 참 좋은 하나님 아버지의 선물이었습니다. 오늘 아침은 새벽 강단에 엎드려 수국처럼 말없이 기도하며 하나님 아버지의 존귀한 자녀를 볼 때마다 하나님 아버지의 선한 미소로 위로해 드리는 작은 목사가 되기를 소망하며 기도로 하나님 아버지께 올려 드렸습니다. 저의 작은 기도와 미소가 권사님께도 전해졌으면 좋겠습니다. 사랑합니다. 축복합니다. 아주아주 많이요.^^♡

🖂 2021년 07월 16일

생기가 빠져나간 수국 꽃다발이 고개를 점점 더 숙이며 조금 더 미소로 반겨 주지 못해 미안해합니다. 참 감사한 수국입니다.

일 년을 살을 에는 듯한 추위에도 살이 타는 듯한 더위에도 견디고 사람들의 얼굴에 미소를 짓게 하던 착한 수국이 내년 더 맑고 빛나는 미소로 돌아오기 위해, 나왔던 곳인 땅으로 돌아가 자기를 빛나게 한 뿌리의 자양분이 되기 위해 썩어져 갑니다. 그리고 내년에는 다시 아름답고 빛난 꽃으로 미소를 지을 것입니다. "한 알의 밀알이 땅에 떨어져 썩어야만 많은 열매를 맺는다."라는 말씀이 들려옵니다. 이제 세상 사람들의 수많은 소리가 들려오는 아침이 됩니다. 하지만 우리를 평강과 은혜와 축복과 영생으로 인도하는 소리는 오직 하나님 아버지의 능력이 되신 복음 예수 그리스도 말씀밖에는 없습니다. 그 말씀을 의지하여 믿을 때 성령 하나님께서 권능으로 역사하실 것입니다. 오늘도 예수 그리스도만을 믿는 권사님을 살아 계신 하나님 아버지께서 함께하사 지키시고 보호하시고 은혜를 축복과 평강으로 인도해 주시리라 믿습니다. 기도로 더 간절히 하나님을 믿사옵니다.

✉ 2021년 08월 03일

조금씩 밝아 오는 제주 하늘에 모든 생명이 깨어나는 시간입니다. 파란 하늘 대신 잿빛 구름이 색칠이 된 아침이지만 수풀 사이 수국 송이들이 고개를 들어 인사를 합니다. 마지막 순간까지도 더 환한 미소를 지으려 이슬비 머금으며 애를 씁니다. 뜨거운 태양 아래 쉽지 않았을 텐데 끝까지 사람들에게 미소를 보내는 수국이 참 고맙습니다. 2천 년 전, 파란 하늘 아래 나무에 달려 죽으실 때 하늘마저 잿빛 구름으로 가려져 있었던 주님을 바라봅니다. 우리 죄를 사하시기 위해서 몸속에 있는 피 한 방울 물 한방 남김없이 쏟으시며 죄를 우리에게 돌리지 않고 용서하신 그 사랑에 감사의 눈물을 올려 드립니다. 요즘같이 힘들다고 말조차 할 수 없을 만큼 모두가 힘들 때 주님이 우리의 구원과 소망이 되신 것처럼 가정과 교회와 삶에서 하나님 아버지의 은혜와 긍휼하심, 선하심, 구원하심이 권사님을 통하여 흘러가길 기도로 하나님 아버지께 올려 드립니다. 사랑합니다. 축복합니다. 아주아주 많이요. 여호와 샬롬, 여호와 라파, 여호와 닛시, 여호와 이레, 여호와 삼마되시는 예수 그리스도의 이름으로 축복합니다.^^♡

✉ 2021년 08월 07일

파란 하늘에서 하얀 물결이 되어 흘러내리는 햇살이 바람결에 강이 되어 온 세상을 빛나게 해 주는 아침입니다. 귤밭 초록 잎사귀 물결 위로 손가락 끝마디처럼 작은 귤들이 어느새 아이들 주먹 크기만큼 자라 반짝반짝 푸른 미소를 건네는 아침입니다. 누가 자라게 했을까? 농부들의 땀과 사랑이 그리고 하나님 아버지의 선한 손길이 자라게 했음을 알기에 수고한 그들의 노력이 참 고맙고 하나님 아버지께 감사드립니다. 새해로 달려온 많은 시간, 어느덧 8월의 중반이 되었습니다. 코로나19로 삶의 여정이 쉽지 않았지만 파란 하늘과 에메랄드 바다 그리고 제주 길과 들에 가득 핀 꽃들과 푸르른 숲이 창조주 하나님의 선한 능력으로 아름답게 빛을 발합니다. 그중에 최고는 바로 살아 계신 하나님 아버지의 가장 큰 기쁨이며 사랑이신 권사님이시죠. 한 주간의 수고와 애씀이 결코 헛되지 않게 선한 열매가 가득 맺히도록 예수 그리스도를 믿는 우리에게 은혜와 축복과 평강을 주의 날에 넘치도록 부어 주시길 간절히 기도로 살아 계신 하나님 아버지께 올려 드립니다.

🖂 2021년 08월 07일

감사합니다. 제주 한라에서 기도와 바람을 하늘에 계신 하나님 아버지께 올려 드립니다. 힘내세요. 사랑합니다. 축복합니다. 아주아주 많이요.

🖂 2021년 08월 21일

제주 하늘 십자가 탑 위로 비가 내립니다. 무더운 여름 더위를 식혀 주는 비인지 수많은 여행객이 두고 간 지치고 상한 마음의 잔재를 씻어 주는 비인지 시원하게 쏟아 내리려고 하네요. 잠시 아이의 투명한 우산을 펼쳐 들고 비를 맞이해 봅니다. 투둥 투둥 소리가 점차 빨라지며 내리는 빗소리에 심장도 덩달아 뛰는 것 같습니다. 하늘 햇살이 눈이 부셔 보지 못했는데 맑은 물방울에 담겨 보석처럼 빛나는 햇살을 봅니다. 비 오는 오후 살아 계신 하나님 아버지의 은혜를 보고 싶습니다. 성도들의 눈빛에서 미소에서 빛나는 하나님 아버지의 은혜의 빛이 보고 싶습니다. 오늘, 내일 많이 내린다는 비처럼 적은 수로 모이는 예배당에서도 가정에서 TV로 휴대폰으로 보는 성도들의 마음에도 하나님 아버지의 은혜의 비가 가득 내렸으면 좋겠습니다. 특별히 권사님께 더 풍성한 은혜의 비가 내렸으면 좋겠습니다. 이루어지길 믿으며 살아 계신 하나님 아버지께 예수 그리스도의 이름으로 올려 드립니다. 사랑합니다. 축복합니다. 여호와 샬롬, 여호와 라파, 여호와 닛시, 여호와 이레, 여호와 삼마.

🖂 2021년 08월 27일

뜨거운 여름 바람이 가을 친구를 기다리게 하는 오후입니다. 잠시 여름 친구가 한눈을 파는 사이 맑고 파란 가을 하늘 친구가 구름 너머로 몰래 미소 짓고 있네요. 고개를 들어 권사님을 향한 하나님 아버지의 순수하고 맑은 사랑의 미소를 보세요. 행복이 시원한 바람처럼 밀려들 거예요.^^♡

🖂 2021년 09월 08일

하루가 바람결에 동쪽에서 왔다 노을 지는 서쪽으로 돌아가는 저녁입니다. 곧 빨간 노을이 나뭇잎마다 물들여 놓으려 가까이 다가올 때쯤 살아 계신 하나님 아버지의 능력이신 성령 하나님께서 간절한 소망 가운데 주의 얼굴을 구하며 인내하시는 권사님께 은혜로 물들여 주시리라 믿으며 수요 예배를 앞두고 말씀이신 하나님 예수 그리스도의 축복 말씀을 의지하여 기도합니다. 오늘 하루도 애쓰셨습니다. 주님께서 은혜와 축복과 평강으로 물들여 주시리라 믿습니다. 사랑합니다. 축복합니다. 여호와 샬롬, 여호와 라파, 여호와 닛시, 여호와 이레, 여호와 삼마되시는 예수 그리스도의 이름으로 축복합니다.^^♡

✉ 2021년 09월 22일

가을 상쾌한 바람이 간절히 기도하는 두 손을 감싸 주고 하늘 아버지에게 바람결에 담아 올려 드리는 새벽입니다. 어느새 한가위 보름달이 밝아 오고 더 큰 빛에 안겨 곧 아버지 품으로 돌아가는 시간입니다. 조금이라도 더 권사님들의 간절한 기도를 동그란 보름달 속에 빼곡히 담아 보려 십자가를 붙들어 봅니다. 성령 하나님께서 흘러내리는 땀을 닦아 주듯 열려 있는 예배당 작은 창문으로 시원한 바람이 불어 어루만져 주시네요. 조금 더 힘을 내어 권사님과 가족을 위하여 무릎을 꿇고 엎드립니다. 주님만이 아시고 주님만이 은혜와 축복과 구원을 베푸시는 분이시기에 그 약속의 이름 하나님의 아들 예수 그리스도의 이름으로 올려 드립니다. 노랗게 익어 가는 귤처럼 정금같이 빛나게 하시리라 믿습니다. 한없이 부족하지만 기도로 항상 함께하겠습니다. 사랑합니다. 축복합니다. 여호와 샬롬.^^♡

✉ 2021년 10월 07일

새벽 예배의 찬양 소리도, 기도 소리도 말씀의 울림도 고요해진 아침에 성도들이 삶의 자리로 떠난 자리에 성령의 바람이 가득하길 소망하며 예배당 창문을 열어 봅니다. 까만 밤하늘에 반짝이던 작은 별들이 어느새 노랗게 익어 가는 귤빛에 물들었습니다. 빛나는 햇살에 더욱 반짝이는 귤들이 하나님 아버지께 올려 드리는 우리의 기도도 익어 가고 있다고 말해 주듯 상큼한 미소로 아침 인사를 합니다. 주님을 영접한 어린아이일 때부터 지금까지 많은 기도를 들어 주신 하나님, 제주 귤밭에 익어 가는 수많은 귤처럼 이 가을 하늘의 별 같은 하나님, 하나님 아버지의 존귀한 자녀들의 기도가 더 풍성하게 익어 열매가 되어 은혜와 축복과 평강으로 거두어지길 기도해 봅니다. 기도 속에 권사님을 위한 중보 기도가 더 풍성하게 탐스럽게 익어 가길 기도로 살아 계신 하나님 아버지께 올려 드립니다. 힘내시구요. 사랑합니다. 축복합니다. 여호와 샬롬.^^♡

✉ 2021년 10월 25일

새파란 맑은 하늘이 한라산 백록담에 걸려서인지 맑고 깨끗한 바람이 오름, 올레길 그리고 교회 마당의 들꽃까지 어루만져 주고 가네요. 제주의 아침저녁은 가을이란 친구가 놀다 가고 한낮은 늦여름이란 친구가 놀기 좋아하는 어린이집 아이들과 신나게 재잘거리며 놀다 갑니다. 어느새 10월의 끝자락이 다가왔지만 창조주 하나님께서는 창조의 섭리에 순종하는 하늘과 바다 그리고 길들마다 아름다운 색칠을 해 놓으셨네요. 그분의 손길이 얼마나 놀랍고 아름다운지 들녘마다 피어난 억새꽃들이 그분을 향한 감사와 기쁨을 눈부시게 하얀 손을 들어 경배하는 것 같습니다. 눈이 시리도록 새파란 하늘을 올려다보다 그 위에 계신 하나님 아버지께 마음의 감사와 보석 같은 분을 중보의 기도로 올려 드립니다. 기도하는 권사님의 이름 위에 은혜와 축복과 평강을 베풀어 주시길…. 사랑합니다. 축복합니다. 아주아주 많이요. 여호와 샬롬, 여호와 라파, 여호와 닛시, 여호와 이레, 여호와 삼마되시는 예수 그리스도의 이름으로 축복합니다.^^♡

🖂 2021년 11월 09일

조명이 꺼진 예배당 까만 십자가 뒤로 하얀빛이 비치고 그 빛이 더욱 선명하게 십자가를 보여 줍니다. 어느새 십자가를 바라보며 기도한 시간이 43년이 되었습니다. 하나님 아버지의 은혜로 한 번도 의심하지 않고 힘들 때나 감사할 때나 아픔의 눈물로 기쁨의 눈물로 십자가를 바라보며 기도하였습니다. 평안으로 기쁨으로 은혜의 선물로 응답하신 내 주님의 사랑을 십자가로 보았습니다. 모두가 떠난 예배당에 언제나 빛을 비추며 성도와 나그네를 위로하며 사랑의 빛으로 미소 짓는 주님이 지신 십자가, 모든 저주와 고통을 우리 대신 온몸에 받으시고 구원으로 치유로 응답하시기 위해 흘리신 피 묻은 주님의 십자가 그 사랑 앞에 엎드려 구합니다. 하나님 아버지의 기름 부으신 권사님에게 은혜를 베풀어 주시길 간절히 기도합니다. 죽은 딸의 소식을 들은 야이로에게 "두려워하지 말라. 믿기만 하라."라고 말씀하신 그 음성을 믿으며 기도로 하나님 아버지께 올려 드립니다. 살아 계신 하나님 아버지의 약속과 구원이 되시며 하늘과 땅의 권세를 가지신 예수 그리스도의 이름으로 올려 드립니다. 그분의 사랑과 은혜와 권능이 임하시길 기도합니다. 사랑합니다. 축복합니다. 여호와 샬롬, 여호와 라파, 여호와 닛시, 여호와 이레, 여호와 삼마되시는 예수 그리스도의 이름으로 축복합니다.^^♡

✉ 2021년 11월 23일

새벽하늘 위로 기도하는 한라산이 까맣게 색칠한 것처럼 보이다 곧 바다 끝에 깨어나는 은혜의 햇살로 하얗게 미소 지으며 인사를 하네요. 지난밤 내린 눈 때문인지 더 환하게 웃네요. 잠시 마음의 눈으로 하늘 아버지를 바라봅니다. 죄로 물든 힘든 세상에 살아가는 자녀들이 새벽마다 까맣게 물든 세상을 빛으로 깨우는 것을 얼마나 기뻐하실까. 그분의 행복한 미소가 보여 절로 미소 짓게 됩니다. 한라산 차가운 눈바람이 온몸을 깨우며 만져 주는 아침, 내 안에 계신 하나님 아버지의 성령 말씀이 기도의 불이 되어 따뜻하게 덮어 주는 행복한 아침입니다. 제가 많이 부족하지만 이 시간 기도로 하나님 아버지께 소중한 권사님을 올려 드립니다. 하늘 아버지께서 은혜와 축복과 평강으로 따뜻하게 품어 주시길 기도합니다. 살아 계신 하나님 아버지와 제가 오늘도 함께하겠습니다. 힘내세요. 사랑합니다. 축복합니다. 아주아주 많이요. 여호와 샬롬, 여호와 라파, 여호와 닛시, 여호와 이레, 여호와 삼마되시는 예수 그리스도의 이름으로 축복합니다.^^♡

🖂 2021년 11월 28일

까만 밤을 어둠이라고 말한 분이 누구일까요. 그리고 앞이 보이지 않는 어둠이 우리 마음이라고 말한 분이 누구일까요. 까만 밤하늘 위로 별들이 보석처럼 반짝반짝 아름다운 빛으로 인사합니다. 그곳에 더욱 빛나는 주님의 십자가가 따뜻하게 어두운 밤을 새벽으로 바꾸어 주십니다. 하나님의 말씀이신 예수 그리스도의 빛이 하나님 아버지로부터 우리 마음의 근심, 걱정, 염려 그리고 어둠의 두려움을 몰아내고 기쁨과 감사와 행복이 가득한 대림절 첫 주일이 되길 기도로 하나님 아버지께 올려 드립니다. 사랑합니다. 축복합니다. 아주아주 많이요. 여호와 샬롬, 여호와 라파, 여호와 닛시, 여호와 이레, 여호와 삼마되시는 예수 그리스도의 이름으로 기도합니다.^^♡

🖂 2021년 12월 01일

지난밤의 차가운 겨울바람은 지치지도 않는지 새벽 예배에 간절한 기도로 올려 드리고 나온 지금도 온몸을 흔드네요. 밤하늘에 반짝반짝 빛나던 별들도 추워서 두터운 구름 옷을 입고 입는지 보이질 않네요. 하지만 숨어 버린 별보다 더 빛난 별들이 어두운 세상에 여기저기 보인다고 말씀하시네요. 기쁨도 소망도 없는 죄로 물들어 이기적인 세상 속에서 주님이 주신 말씀을 붙들고 현실의 고통과 아픔 가운데서도 열심히 살아가며 가진 것을 나누는 아름다운 사람, 어두운 세상 가운데 주님의 사랑의 빛이 되는 사람, 하나님 아버지 아들의 생명값으로 사신 귀한 분, 바로 권사님이세요. 주님은 반드시 가장 좋은 것으로, 좋은 날들로 채워 주실 겁니다. 오늘 새벽도 저의 작은 기도를 살아 계신 하나님 아버지께 올려 드립니다. 힘내시구요. 사랑합니다. 축복합니다. 아주아주 많이요.^^

🖂 2021년 12월 07일

새벽 기도를 드리려 교회 계단을 오를 때마다 까만 하늘에 일곱 개의 별이 반짝이며 미소를 보냅니다. 어릴 적 신비한 우주를 배우며 크게 빛나는 북극성을 찾는 중심의 별 북두칠성을 알게 되었습니다. 꼭 바가지 모양처럼 생긴 신기한 별자리이죠. 세상 사람에게는 한 해가 끝나는 12월이지만 우리는 이 세상에 은혜와 구원과 축복과 평강으로 새로운 세상을 여시는 예수님의 탄생으로 기쁨이 가득한 날, 소망의 날이죠. 북두칠성을 바가지 모양으로 만드신 하나님 아버지께서 아들 예수 그리스도를 믿는 자녀들에게 목마르지 않는 은혜의 생수를 가득 담아 부어 주실 것 같습니다. 그 별을 만드신 하나님 아버지께 권사님을 기도로 올려 드립니다. 그리고 살아 계신 하나님 아버지와 부족하지만 제가 함께하겠습니다. 힘내세요. 사랑합니다. 축복합니다. 아주아주 많이요.^^♡

🖂 2021년 12월 12일

지난밤 까만 어둠이 새로운 빛으로 밝아 오기까지 동그란 달이 촛불이 빛을 발할 때 자기 몸을 녹이듯이 자기를 녹여 어두운 밤을 밝히다 반달이 되었네요. 이제 곧 밝아 오는 아침 햇살이 비춰 올 때를 아는지 한라산을 넘어가려 합니다. 오늘날 절망과 고통 속에 살아가는 자녀들을 살리기 위해 죽음을 깨트리고 부활하신 날에 하나님의 아들임을 온전히 믿지 못한 죄로 인하여 두려워 숨어 있던 제자들과 소망을 잃어버리고 다시 고통의 자리로 돌아가는 제자들을 찾아가사 책망 대신에 은혜와 평화를 주시는 기쁨과 구원을 베푸신 날처럼 우리 주님께서 권사님의 손을 잡으시고 따뜻하게 안아 주시는 날이 되길 주께서 약속한 은혜와 구원으로 기도하겠습니다. 그리고 우리의 연약함을 그분의 사랑과 기쁨으로 가득 채우시길 기도하겠습니다. 나의 온전함이 반으로 줄어든다 할지라도 하나님 아버지의 소중한 분을 위해 더 간절히 기도로 살아 계신 하나님 아버지께 올려 드립니다. 사랑합니다. 축복합니다. 여호와 샬롬.^^♡

🖂 2012년 12월 13일

창조주 하나님께서 차별 없이 모든 사람에게 주는 선물인 맑은 공기와 밝은 햇살이 지난밤 추위에 잠든 세상을 따뜻하게 깨우는 제주 아침입니다. 그 아름다운 선물 속에 권사님만을 위한 선물이 있습니다. 하나님의 참빛, 예수그리스도 말씀의 빛이죠. 오직 믿음으로만 볼 수 있고 믿는 자에게만 이루어지는 축복의 응답이죠. 오늘 이 선물로 이 세상 누구보다 행복해지는 하루가 되길 기도합니다. 그리고 세상을 아름답게 만드는 하나님 아버지의 복이 되시길 간절히 기도로 하나님 아버지께 올려 드리겠습니다. 사랑합니다. 축복합니다. 여호와 샬롬.^^♡

🖂 2021년 12월 15일

해가 질 녘쯤이 되면 십자가 빛이 어둠 속의 등불처럼 피어납니다. 밤길에 넘어지지 않도록, 길을 잃지 않도록 거리의 따뜻한 빛이 가로등마다 피어납니다. 누가 시간을 지켜 빛을 피울까요. 타이머라는 친구죠. 설정된 시간마다 어김없이 빛을 깨웠다가 재우지요. 밤하늘에 피었다 지는 별빛이 다시 아침마다 피어나는 아름다운 세상, 누가 그렇게 하실까요. 세상은 모르지만 욥에게 말씀하신 분, 창조주 하나님이 하심을 우리는 알고 믿죠. 어제 잠시 지진의 진동이 제주와 대한민국을 놀라게 했죠. 뉴스, 사람들의 휴대폰에서 놀란 마음의 소리와 안부의 소리가.^^

그 순간 우리 마음에 어떤 일이 생겼나요. 두려움에서 시작한 마음이 임마누엘로 약속하신 주님과 함께하는 믿음으로 평화를 누리셨나요. 요즘 마음이 많이 힘든 시기이지만 눈을 들어 자연에 깃든 창조의 하나님을 보세요. 우리를 너무 사랑하사 자기 아들의 죽음으로 죄를 사하시고 영원히 보호하시고 인도하시겠다고 약속하신 하나님을 믿고 의지해 보세요. 반드시 오늘, 내일에 믿음의 열매가 되시는 주님께서 큰 은혜와 축복과 평강으로 응답해 주시리라 믿습니다. 기도로 하나님 아버지께 올려 드리겠습니다. 힘내세요. 사랑합니다. 축복합니다. 아주아주 많이요. 여호와 샬롬.^^♡

✉ 2021년 12월 17일

말씀으로 마음의 불을 피우고 기도의 향기를 하늘 아버지께 올려 드리기 위해 예배당으로 한 계단 한 계단 올라갑니다. 늘 반겨 주던 별빛 친구가 차가운 겨울바람에 추웠는지 아니면 두꺼운 구름을 덮고 숨어 버렸는지 오늘은 보이지 않네요. 그래도 성탄을 맞이하기 위해서 만든 트리가 대신 반짝반짝 따뜻한 미소로 반겨 주네요. 말씀의 불을 켜고 기도의 향기를 피워 올려 드리는 이 시간을 가만히 돌이켜 봅니다. 하나님 아버지께서 택하신 교회, 성도, 자녀를 어두운 세상에서 지키기 위해서 저를 청지기로, 파수꾼으로 세우셨음을 깨닫습니다. 오늘도 그 직분으로 기도로 살아 계신 하나님 아버지께 올려 드리겠습니다. 그분이 은혜를 축복을 평강을 베풀어 주시리라 믿습니다. 힘내세요. 사랑합니다. 축복합니다. 아주아주 많이요. 여호와 샬롬, 여호와 라파, 여호와 닛시, 여호와 이레, 여호와 삼마되시는 예수 그리스도의 이름으로 기도합니다.^^♡

우리에게 위로가 되는 성경 말씀

- **롬12:6-8**

우리에게 주신 은혜대로 받은 은사가 각각 다르니 혹 예언이면 믿음의 분수대로, 혹 섬기는 일이면 섬기는 일로, 혹 가르치는 자면 가르치는 일로, 혹 위로하는 자면 위로하는 일로, 구제하는 자는 성실함으로, 다스리는 자는 부지런함으로, 긍휼을 베푸는 자는 즐거움으로 할 것이니라